1,000만 원 투자로 한 달 5,000만 원 버는

푸드트럭
창업하기

[푸드트럭] 창업하기

김홍섭·김은재 지음

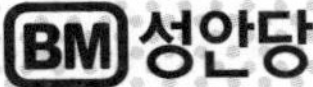

BM 성안당

나는 28세의 장사꾼이다.
그것도 길에서 장사하는 장사꾼이다.

나는 아무것도 내세울 게 없는 사람이다.
부모에게 물려받은 돈도 없고,
배경도 없고, 학벌도 없다.
학교에서건, 직장에서건 어디를 가나
초라한 모습뿐이었다.
내가 남들보다 많은 것은 '간절함'뿐이었다.

2016년 7월 이후
푸드트럭 한 대로 벌어들이는 월 매출은
5,000만 원 정도다.

지금 나는 돈 있고, 배경 좋고, 학벌 좋은 사람들이
하지 못하고 있는 일을 하고 있다.
바로 가슴 뛰는 일을 하고 있다는 것!

내게 그것은 '장사'다!

가슴 뛰는 일을 시작하다

중학교 1학년 때 내 아버지는 명예퇴직을 하셨다. 당시 나는 '월급쟁이는 어느 순간 회사를 그만둬야 하고, 승진이 빠를수록 빨리 나와야 한다'는 사실을 이른 나이에 깨달았다. 그때부터 나는 언젠가 장사를 하기로 결심했다.

나는 어릴 때부터 장사를 하고 싶었다. 고등학교 2학년 때 자퇴를 하고 인터넷 쇼핑몰을 열고 싶었지만, 부모님께서는 "열심히 공부해서 꼭 4년제 대학에 가라."면서 격렬하게 반대하셨다.

20세가 되자 감성주점을 열고 싶었지만, 그때도 돈이 없어 포기했다. 몇 달 뒤 내가 생각했던 콘셉트의 감성주점이 처음 생겼고 대박이 나자 내게 장사 감각이 있다는 생각을 하게 되었다. 그 후 장사를 하는 데 조금이라도 도움이 되는 아르바이트를 시작했고 창업에 꾸준히 관심을 가졌다.

나는 18세 이후부터 부모님께 100원도 받아본 적이 없고 오직 내 힘으로 세상과 부딪치며 살았다. 그 흔한 스펙도 없고, 스펙에 목 멘 적도 없다. 나는 경기도의 한 전문대 출신이고, 학점은 이력서를 쓸 수 있는 3.0점을 조금 넘긴 수준이다. 남들이 다 다녀온다는 어학연수와 워킹홀리데이도 다녀오지 않았다. 빨리 세상에 나와 돈을 벌고 싶었기 때문이다.

어렵게 회사에 취직하고 보니, 나보다 못한 학력을 가진 사람은 한 명도 없었다. 23세에 운 좋게 대기업에 입사했는데, 4년제 명문 대학교를 졸업한 선후배 동료들에게 뒤처지지 않기 위해 이를 악물고 일했다. 그러나 그들도 마흔 이후 퇴직을 걱정하는 것을 목격하게 되었다.

회사에 입사하고 1년 후, 나는 은행에서 600만 원을 빌려서 작은 스낵카를 샀다. 그리고 주중에는 회사를 다니고, 주말에만 장사했다. 이 작은 트럭에서 큰 사업을 위한 시행착오를 겪고 다양한 실험을 하면서 해결 방법을 고민했다.

이때 나는 우리 사회가 '장사꾼'을 얼마나 천하게 여기는지 뼈저리게 느꼈다. 일단 가족부터 "들어간 회사나 열심히 다니지, 왜 장사를 하고 다니느냐?"라며 내가 장사하는 것을 못마땅해 했다. 당시 가족은 나를 단 한 번도 응원해 주거나 도와준 적이 없다. 어머니는 장사하려고 냉장고에 넣어둔 재료를 버리기 일쑤였고, 여자친구는 장사하려는 나를 이해하지 못하고 떠났다.

지킬 박사와 하이드가 한 사람이었던 것을 아무도 알아보지 못한 것처럼, 사람들은 '정장을 입고 출근하는 나'와 '청바지를 입고 장사를 마치고 나오는 나'를 같은 사람으로 보지 못했다. 자주 보아 온 아파트 경비아저씨마저 나를 못 알아보고 무시했다.

장사를 하러 나간다지만 단속에 쫓기기 일쑤였고, 두 달 동안 장사 한 번 해 보지 못하고 재료비만 날리고 풀이 죽어 들어오기도 했다. 하지만 내가 좋아하는 일이었기 때문에 버틸 수 있었다. 생각해 보면 '큰 산을 옮기려면 작은 돌멩이부터 옮겨야 한다.'라는 사실을 본능적으로 알고 있었던 것 같다. '실패 없는 성공은 없다'고 자신을 다독거리면서 주말이면 설레는 마음으로 '또 다른 실패'를 향해 푸드트럭을 몰았다.

그렇게 꾸준히, 그리고 열심히 장사를 했다. 결국 넉 달 만에 대출금을 모두 갚았고, 아홉 달 만에 돈을 모아 중고 푸드트럭을 샀다. 주말에만 일해도 회사 월급의 몇 배를 벌 수 있었다. 주중에도 대학축제 행사가 있으면 회사 퇴근 후 KTX를 타고 내려가 새벽 1시까지 일을 했다. 새벽 4시쯤 집에 도착한 후 1시간만 자고 출근하기도 했다.

하지만 하나도 힘들지 않았다. 단순히 돈을 벌어서가 아니라 하고 싶은 일을 한다는 기쁨이 컸기 때문이다. 그러던 중 정부에서 푸드트럭을 합법화한다는 정책을 발표했고, 2015년 서울시에서 한 달간 '밤도깨비 야시장 푸드트럭 존 시범 운영'을 했다. 나는 이 행사가 성황리에 끝난 것을 눈여겨보다가 곧 회사에 사표를 냈다. 2016년 1회 여의도 밤도깨비 야시장에 입점하기 위해 나는 '오빠손맛'이라는 브랜드를 만들고, 합법적으로 푸드트럭을 제작했다.

어렵게 보결로 들어간 여의도 밤도깨비 야시장에서도 처음 6주 간은 막대한 손해를 보았다. 그러나 맛, 고객 응대, 차별화 등 모든 면에서 부족한 점을 채워나가자 기적이 일어났다. 6주 이후부터 서서히 매출이 오르더니 한 달이 지나자 한 달 매출이 2,000만 원 이상 나오기 시작했다.

그런가 하면 전국의 행사장을 다니며 알게 된 사람들과 3년째 인연을 이어오고 있는데, 내가 길에 뿌렸던 씨앗들이 열매가 되어 돌아오기도 했다. 2016년, 내가 총괄 기획하여 푸드트럭과 플리 마켓을 입점시킨 대학교는 열 곳이 넘는다. 기업 행사, 대학 행사, 관공서 행사 등에도 꾸준히 참여하고 있는데, 이제는 행사 관계자들도 나에게 그냥 행사를 맡겨주는 편이다. 지난 3년 반 동안의 노력이 지금의 내가 될 수 있도록 밑거름이 되어 준 셈이다. 2016년 9월 이후 수도권의 여러 유명 백화점에 입점했고, 2017년에는 새로운 브랜드로 가게도 오픈했다.

내가 푸드트럭에 뛰어든 것은 올해로 4년. 아직 '성공'이라고 말하기에는 섣부른 시간이다. 솔직히 '평생 장사를 해야겠다!'고 마음먹은 나에게는 이제 시작에 불과한 순간이다. 지금도 수많은 시행착오 중이고, 끊임없이 도전하고 있는 애송이 장사꾼에 불과하다. 나보다 훨씬 뛰어난 장사꾼, 성공한 푸드트럭 사장도 많다. 그럼에도 내가 이 책을 쓴 이유는 푸드트럭 창업을 꿈꾸는 사람들을 돕기 위해서다. 푸드트럭 창업을 시작하는 사람들에게 조금 먼저 그 길을 걸어본 사람이 조언해 주면 시행착오를 조금 덜 하지 않을까?

모든 이들이 가슴 뛰는 삶을 살기를 진심으로 응원한다.

차례

Part 1

'장사의 神'이 될 거야!
애송이 장사꾼의 탄생

강바람이 시원하게 부는 금요일 저녁.

여의나루 2번 출구로 나와 시원스럽게 흐르는 인공 시냇물을 따라간다. 마포대교 남단 물빛광장 분수대를 지나 걷고 있으면, 울퉁불퉁 방망이를 든 아빠도깨비와 꼬마도깨비가 관광객을 맞는다. 이곳이 바로 '외국인이 뽑은 가장 잘 한 서울시 정책 1위'에 빛나는 여의도 밤도깨비 야시장이 열리는 곳이다.

2016년 4월부터 10월까지 매주 금요일과 토요일에 열리는 밤도깨비 야시장의 테마는 바로 '하룻밤에 즐기는 세계여행'이다.

감빛 노을이 도시의 빌딩숲에 내려앉으면, 플리 마켓 주황색 천막에 매달아 놓은 노란색 알전구와 푸드트럭들의 LED등에 불이 들어온다. 오른쪽으로 보이는 탁 트인 한강에서 청량한 바람이 불어와 도시의 열기를 식힌다. 잔디밭의 오른쪽에는 나무로 만든 부엉이가족과 앙증맞은 도자기, 애견 스카프, 퀼트 인형, 수제 고체 향수, 꽃이 들어간 귀걸이 등 특색 있는 핸드메이드 제품들이 관광객을 유혹한다. 그런가 하면 왼쪽에는 42대의 푸드트럭 안에서 요리사들이 부지런히 손님 맞을 준비를 하고 있다. 쿠바 샌드위치, 터키 케밥, 인도네시아 나시고랭, 일본 오코노미야키, 이탈리아 피자, 그리스 수블라키, 멕시코 브리토, 아르헨티나 엠파나다, 벨기에 와플, 스페인 추로스……. 이와 함께 서쪽 하늘에 걸린 조각달, 도도하게 흐르는 먹빛 한강, 빌딩 숲 야경, 이색적인 먹거리와 수공예품, 잊었던 감성을 꺼내게 하는 인디밴드의 버스킹 공연이 이어진다.

여의도 밤도깨비 야시장을 걷다 보면 어느새 외국의 어느 거리를 와 있는 느낌이 든다.

돗자리에 앉아 있는 사람들의 표정에는 일상을 벗어나 축제의 현장을 즐기는 즐거움으로 가득한데, 이곳에 유독 눈에 띄는 푸드트럭이 한 대 있다.

"고객님, 30분 넘게 기다리셨죠? 케밥 하나 서비스!"
"손님은 밤에도 눈부시게 멋지시니까 고기 곱빼기!"
"지난 번 평택 행사장에서 봤던 분 맞으시죠? 케밥 하나 서비스!"
"인스타그램을 팔로우하면 고기 곱빼기!"

뉴욕의 도로에서나 볼 수 있는 그라피티로 꾸민 터키 케밥 푸드 트럭 '오빠손맛'이 그 주인공이다. 어림잡아도 100여 명이 넘는 손님들이 케밥을 맛보기 위해 줄 서 있다. 트럭 한켠에서는 케밥 기계와 불판에서 한 명이 쉴 새 없이 고기를 담아내고, 다른 세 명의 청년들은 재빠르게 토르티야 위에 채소와 고기를 얹어 손님들에게 건넨다.

이 푸드트럭의 대표는 올해 28세 김홍섭 씨.

트럭 한 대로 2016년 7월부터 월 매출 5,000만 원을 기록한 장본인이다.

요즘 푸드트럭이 '새로운 창업 아이템'으로 각광받고 있다. 미국에서는 푸드트럭 운영자 로이 최가 「TIME」지 선정 '2016년 100인'에 선정되었다는 소식이 들린다. 한국 청년들이 미국 유타 주에서 '컵밥 푸드트럭'으로 큰 성공을 거두었다는 소식도 들려온다. 우리나라에서도 2014년 정부에서 푸드트럭 합법화 정책을 발표한 후 각 지자체에서 청년 실업의 대안으로 푸드트럭 사업을 지원하고 있다.

구직활동에 지친 청년들과 조기 퇴직자들도 푸드트럭으로 눈길을 돌리고 있다. 일반 상가에 매장을 내고 장사하려면 보증금, 공사비, 권리금, 초도물량 비용이 필요하다. 하지만 푸드트럭은 비교적 적은 금액으로 창업할 수 있어서 창업 초기 투자 자금이 상대적으로 저렴하다는 장점이 있다.

그러나 푸드트럭도 '장사'다. 중소기업청과 창업진흥원이 공동으로 펴낸 '2015년 창업기업실태조사'에 따르면, 창업하는 사람 10명 중 8명은 관련 교육을 단 한 차례도 받지 않은 것으로 나타났다. 이른바 '묻지마 창업'을 한 것이다. 창업자들의 평균 준비 기간도 10.4개월에 불과한데, 이렇게 준비되지 않은 창업은 폐업으로 이어진다. 자영업자의 생존 비율은 20%에 불과해서 매년 100만 명에 가까운 자영업자가 창업하지만, 이 중에서 80만 명 정도는 문을 닫는 것이 현실이다.

'묻지 마 창업'은 위험하다. 아무리 많이 준비해도 10명 중 8명은 망하는 게 '창업'이다. 창업을 준비할 때 창업 강연을 들을 수도 있고, 직접 시장 조사를 해 볼 수도 있다. 그리고 이 책 한 권을 읽는 것만으로도 푸드트럭 창업을 할 때 큰 도움이 될 것이다.

이제 전국을 누비면서 뜨거운 열정을 불태우고 있는 '오빠손맛 푸드트럭',

그 이야기를 시작한다.

Part 1

'장사의 神'이 될 거야!

애송이 장사꾼의 탄생

아르바이트로 3,000만 원을 모으다

고등학교 시절, 나는 소위 삐딱선을 타는 문제아였다.

어릴 때 나는 외국계 회사에 다니시면서 승진도 빨랐던 아버지 덕분에 매우 풍족한 환경에서 자랐다. 어머니는 '자녀 교육에 올인' 하는 주부셨다. 나는 친구들보다 용돈이 풍족한 모범생이었고 중학교 때까지 늘 반장을 도맡아 했으며, 매우 적극적인 성격이었다. 욕심도 많았고, 하고 싶은 건 무엇이든지 해내려는 승부욕도 강해서 우리 반이 학교 체육대회 때마다 종합 1등을 해야만 직성이 풀렸다.

그런데 중학교 1학년 때, 아버지가 회사에서 명예퇴직을 하시면서 가세가 기울기 시작했다. 상무로 근무하셨던 아버지는 승진이 빨랐기 때문에 퇴직도 빠르다고 하셨다. 이후 아버지는 재취업을 알아보셨지만, 이전 직장에서 받던 연봉만큼 주는 곳이 없어서 온 가족이 퇴직금으로 생활하게 되었다. 주식도 하셨지만 크게 손해를 봐서 부모님이 심하게 다투시는 모습도 보았다. 하지만 어머니는 그 와중에도 형과 내 교육에 신경을 쓰려고 무척 노력하셨다.

고등학교에 진학하자, 집안 사정이 더 나빠졌다. 아버지는 식당을 오픈하셨지만 얼마 못 가 정리하셨다. 나는 중학교 3학년 때까지 공부도 잘했고 반장도 했지만, 고등학교 때는 성적이 중간 정도에서 맴돌 뿐 도무지 오르지 않았다. 생각해 보면 나는 공부에 흥미가 없었고, 어머니를 가부장적으로 대하는 아버지에 대한 반항심이 매우 심했던 것 같다.

형과 사촌들은 모두 뛰어나게 공부를 잘 했기 때문에 친척들은 성적이 나쁜 나를 제대로 인정해 주지 않았다. 학교에서나 집에서나 나를 성적으로만 판단하기 시작했고, 그럴수록 나는 점점 학교에 관심이 없어졌다. 늘 바닷물 깊숙이 박힌 광어처럼 바닥에 납작 엎드려서 지내는 느낌이었다. 어디를 둘러봐도 나는 바닥이었다. 나를 옥죄는 학교의 교복 단속과 두발 단속도 싫어서 학교를 자퇴하고 싶은 욕구가 너무 강했다. 고등학교 시절에는 공부보다 방황을 더 많이 했던 시기였다.

그러던 차에 중학교 친구를 만나 오토바이 뒷자리에 타게 되었는데, 거센 바람에 온몸을 맡길 때의 짜릿한 쾌감을 잊을 수가 없었다. 그때만 비로소 내가 살아있다는 생각이 들었다. 결국 나는 고등학교 1학년 때 오토바이 면허증을 땄고, 이 자격증을 이용해서 고등학교 2학년 3월부터 피자가게 배달 아르바이트를 시작했다. 아르바이트를 시작할 때의 목표는 바로 이것이었다.

'오토바이를 사자! 그것도 근사한 녀석으로!'

피자를 좋아하니 피자를 마음껏 먹을 수 있을 것 같았다. 게다가 오토바이도 마음대로 탈 수 있고, 돈을 벌어 오토바이까지 살 수 있다니! 나는 학교가 끝나면 곧바로 피자가게로 달려갔다. 평일에는 방과 후부터 마감 시간까지, 주말에도 매장 오픈 시간부터 마감 시간까지 피자를 배달했다.

내가 이렇게 공부를 멀리하고 배달 아르바이트를 한다는 것을 어머니가 아시고 격렬하게 반대하셨다. 어머니는 유명한 학원에 등록해 놓고 오로지 내가 '인 서울 4년제 대학교'에 가기만을 바라셨다. 나는 어머니께 지압봉과 옷걸이로 죽지 않을 정도로 많이 맞았다.

"이놈아! 공부를 해야지! 공부를! 4년제 대학교도 못 나와서 어떻게 살려고 해!"

요즘도 어머니는 한 번씩 나의 등짝을 때리신다. "이놈아! 회사를 다녀야지! 번듯한 회사를! 회사 안 다니고 길에서 장사하면 어떻게 장가를 가니!" 어머니의 영원한 꿈은 '자식이 화이트컬러 직장인이 되는 것'이다.

어머니는 주말에 아르바이트를 가는 나를 못 가게 막으셨고, 아버지는 나를 때리기도 하셨다. 이렇게 2년 동안 대화와 구타, 협박과 애원이 이어졌다. 그러나 나는 통장에 차곡차곡 쌓이는 돈을 보면서 그 모든 시련을 이겨냈다. 난 이렇게 아르바이트를 시작한 이후로 부모님께 용돈을 한 번도 타 쓴 적이 없다.

나는 피자가게에서 '배달 에이스'였다. 당시 배달 아르바이트 시급이 3,200원이었는데, 배달하면 건당 400원이 더 붙었다. 눈이나 비가 오면 건당 추가 배달비가 500원이었다. 보통 배달 아르바이트생들은 피자 한 판을 가지고 배달했지만, 나는 한 번에 다섯 판을 들고 배달했다. 한 번 배달을 나갈 때마다 2,000원을 더 번 셈이다. 이것은 내가 짜놓은 배달 동선과 노하우가 있었기 때문에 가능했다. 그러면서도 다른 아르바이트생들보다 늦게 배달한 적이 없었다. 나는 나보다 나이 많은 형들에게 배달 기술을 가르쳐 주기도 했다.

나는 다른 친구들과 달리 옷을 사거나 물건을 사는 데 돈을 쓰지 않았다. 악착 같이 아르바이트비를 모아서 2년간 총 3,000만 원을 저축했다. 이후 돈이 어느 정도 모이자, 나는 야마하 매장으로 곧장 달려가서 그토록 타고 싶던 야마하 R-1을 구입했다. 이후 '빅 스쿠터계의 리무진'이라고 부르는 막삼(MAXAM), 귀여운 비노(VINO)까지 오토바이를 사고팔면서 2년간 20여 종 정도의 오토바이를 타볼 수 있었다. 헬멧도 모으고 무릎 보호대 같은 안전장치와 슈트도 몇백만 원어치씩 사 모았다. 하지만 어머니는 50만 원이 넘는 헬멧을 나 몰래 갖다 버리기도 하셨다.

학교에 갈 때도 헬멧을 쓰고 등교했고, 오토바이는 학교 밖 근처에 있는 주차장에 주차했다. 나는 큰 문제없이 오토바이만 탔기 때문에 선생님들도 별말씀이 없으셨다.

오토바이 동호회 활동도 했고, 선수도 되고 싶어서 모터사이클 대회에 나가려고도 했다. 오토바이와 장비를 지원해줄 스폰서가 생겨 대회에 나가려했지만 어머니께 미친 듯이 맞고 포기한 적도 있었다. 이러한 오토바이에 대한 사랑은 훗날에도 이어졌다. 군대도 수도방위사령부로 입대했는데, 그곳을 가고 싶어서 신체검사 1급을 받기 위해 라섹수술까지 했다.

지금 생각해 보니 그때 하고 싶었던 것을 부모님이 반대한다고 포기하지 않고 해 봐서 다음에 내가 진짜 해야 할 일에 집중할 수 있었던 것 같다. 이제 오토바이는 안 탄다. 푸드트럭만 탄다.

장사에 도움이 될
아르바이트를 시작하다

고등학교 3학년 때 수능시험을 보았지만, 성적이 좋을 리 없었다. 그래도 찾아보면 4년제 대학교를 갈 수는 있었지만, 4년 동안 대학교에 다닐 자신도, 용기도 없었다. 이때도 부모님은 많이 반대하셨다.

"이놈의 자식아! 그래도 4년제는 나와야 사람 대접을 받지!"

나는 부모님께 선언했다.

"저 2년제 대학에 가서 빨리 돈 벌 겁니다. 앞으로도 부모님께는 어떠한 명목으로든 손을 벌리지 않겠습니다!"

전국 어디든지 4년제 대학교를 가라는 부모님과 싸웠지만, 나는 전문대인 오산대 마케팅경영학과에 들어갔다.

대학생이 되어 클럽을 몇 번 가보니 '감성주점'을 열면 좋겠다는 생각이 들어서 아버지께 제안했다.

"아버지, 저에게 투자해 주십시오. 감성주점을 열면 대박이 날 것 같습니다. 클럽에 가면 앉아 있을 곳도 마땅치 않은데, 좋아하는 음악을 들으면서 술 마실 수 있는 술집이 생기면 좋을 것 같습니다."

아버지는 내 말을 가볍게 무시하셨지만, 정확히 6개월 뒤 강남에 B 감성주점이 생겼다. 내가 아버지께 구체적으로 말씀드렸던 콘셉트의 술집이었다. 나는 아버지를 그곳으로 모시고 갔다. 주점에 입장하려고 2시간 넘게 줄 서서 기다리는 사람들을 보고 아버지가 흥분하셨다.

"그래! 이걸 했어야 했어. 지금이라도 이거 해 볼까?"

나는 아버지를 말렸다.

"지금하면 늦어요. 뭐든 선두주자가 되어야 해요! 이런 곳은 장사가 잘 되면 권리금 받고 나가요. 그러면 남은 곳은 모두 망하죠."

이렇게 항상 내 머릿속에는 장사꾼의 나사가 잘 돌아가고 있었다.

대학에 입학한 후에도 나는 등록금과 생활비를 벌기 위해 수많은 아르바이트를 했다. 신문 배달, 패스트푸드점 직원, 전화 모니터링 요원, PC방 직원, 호프집 바 매니저 등의 일을 했다.

나는 급한 돈이 필요해서 했던 단기 아르바이트 외에는 한 곳에서 오래 일했다. 그리고 가급적 내가 훗날 도움이 될 일을 찾아서 했는데, 가장 기억에 남는 곳은 사당의 한 호프집이었다. 번화가 중심 상권에서 지하 1층에 있는 곳으로, 건물 전체에서 가장 장사가 잘 되었다. 함께 일하러 왔다가 정신없이 바쁜 그곳을 며칠 만에 그만둔 친구들도 여러 명이었다. 그들은 손님이 없고 편한 아르바이트

첫 푸드트럭 아이템인 칵테일. 아르바이트를 하면서 칵테일 만드는 법을 배웠다.

를 찾아 떠났다.

하지만 나는 그곳에서 '바쁜 가게에서 꼭 필요한 노하우'와 '효율적으로 매장 관리하는 법'을 배웠다. 나이가 마흔 정도 되는 매니저 형이 수많은 아르바이트생들에게 회식도 시켜주고, 교육도 잘 시키는 것을 보고 '사람 관리하는 법'도 배웠다.

칵테일 바에서는 매니저로 오래 일했는데, 이것도 내가 좋아하는 일이었다. 그곳에서 나는 칵테일 만드는 법을 배웠고, 칵테일 동호회 활동을 했다. 식음료 만드는 법도 이때 배웠다. 훗날 내가 작은 푸드트럭으로 처음 장사를 했을 때의 아이템이 바로 '칵테일'이었다. 그래서 나는 장사를 하려는 친구들에게 이렇게 조언한다.

'장사를 하려거든 편한 아르바이트보다는 도움이 될 만한 아르바이트를 찾아라.'

　바리스타가 꿈이라면 돈 못 버는 편한 카페만 찾아다니지 말고, 이왕이면 손님들이 끊이지 않는 카페를 찾아가 일해야 한다. 그래야 그 매장만이 가진 독특한 점을 배울 수 있다.
　이런저런 아르바이트 경험을 통해 나는 20살 때 목표가 생겼다.

'내 사업을 하자! 장사를 하자! 요식업 프랜차이즈 사업을 하자!'

　나는 반드시 이 목표를 이루겠다고 다짐했다.

전문대 출신이
대기업 공채에 합격하다

대학교 1학년 때는 대출을 받아서 등록금을 냈고, 생활비는 아르바이트를 해서 벌어서 썼다. 당시 형이 삼수를 해서 사립 대학교에 갔기 때문에 집안 형편이 너무 어려웠다. 군대에 갈 때는 눈물을 머금고 오토바이를 처분해서 그 돈을 저축해 두었다가 군대 시절과 대학 시절에 생활비로 썼다.

나는 빨리 돈을 벌고 싶었다. 그래서 시간이 날 때마다 창업 박람회나 프랜차이즈 박람회에 가는 것을 즐겼다. 보통 이런 박람회에 참석하려면 5,000원에서 1만 원 정도 참가비를 내는데, 사전 신청을 하면 참가비가 무료였다. 박람회에 가면 맛있는 음식을 무료로 맛볼 수도 있고, 장사의 흐름을 파악할 수도 있었다. 또한 창업 강의나 좋아하는 강사의 강의도 들으러 다녔고, 틈날 때마다 서울 시내 주요 상권을 돌아다니면서 장사할 계획을 세웠다.

그러나 자본이 전혀 없이 장사를 시작하는 것이 어려웠기 때문에 답답한 마음에 군대에 가서는 책을 많이 읽었다. 자기계발서뿐만 아니라 인문학 책과 소설까지 폭넓게 읽었다. 이렇게 읽다 보니 성공한 사람들에게서 느껴지는 공통점이 있었다.

바로 도전하는 것!
목표를 가지는 것!
노력하는 것!

제대하고 나니 졸업 학기가 되었다. 대학 등록금 대출을 갚고, 창업 자금을 모으기 위해 반드시 취업을 해야 했다. 나는 남들이 요즘 많이 다녀오는 워킹홀리데이나 어학연수도 다녀오지 않았다. 나의 대학생활은 평범함 그 자체였고, 학점도 이력서를 간신히 쓸 수 있는 3.1 정도였다. 전국 대학생 창업 경진대회나 모의 주식 투자에 참여하여 수상도 했지만 그 정도 스펙은 특별한 것이 아니었다.

대신 나는 자기소개서를 정성껏 작성했다. 고등학교 때 이야기와 아르바이트를 하면서 겪었던 일, 나의 포부를 솔직하게 적었다. 원서를 쓸 회사를 조사하고 그 회사에 맞는 자기소개서를 썼다. 기업별로 서로 각기 다른 자기소개서를 100개나 작성했다. 서류만 통과하면 면접은 자신 있었다. 몇 군데서 면접 보러 오라는 연락을 받았는데, 면접관들이 나의 뚝심과 열정을 알아봐 준 것인지 합격 소식이 왔다.

먼저 합격한 곳은 대기업 유통회사인 H사였다. 동기들 중 내가 최연소 입사였는데, 동기들의 추천으로 입사 동기 반장이 되어 활동했다. 신입 교육이 끝나갈 무렵 H그룹에서 연락이 왔고, 나는 H그룹을 선택했다. 인턴 6주 후 정규직이 되어 입사해 보니 연세대 라인, 고려대 라인, 서강대 라인, 경희대 라인 등등 동기들의 학벌이 무척 우수했다.

내가 H그룹에 들어갈 수 있었던 것은 '취업 할당제' 때문이었다. 기업에서는 4년제 대학교 졸업자와 2년제 대학 졸업자를 반드시 함께 뽑아야 했다. 이들 간의 연봉 차이는 H기업의 경우 초봉은 1,000만 원 정도 차이가 났고, 보너스도 차이 나게 지급되었다.

결국 나는 2년제 대학 졸업자들과 경쟁해서 입사한 셈이었다. 전문대 졸업생이 있었지만, 대부분 높은 입시 경쟁률을 자랑하는 모 보건 대학교 같은 서울 유명 전문대 유명학과 졸업생들이었다. 내 학벌보다 아래인 사람은 한 명도 없었다. 이후 회사를 다니면서 나는 선후배 중 우리 대학 출신을 본 적이 없다. 내가 퇴사했을 때 우리 대학 후배 한 명이 들어온 것을 본 적 있을 뿐이다.

나는 무시당하기 싫었다. 나이도 어리고, 학벌도 안 좋고, 나를 끌어줄 빽도 없으며, 아래서는 똑똑한 신입사원들이 밀고 올라오는 상황이었다. 일을 못하면 내가 설 입지가 없어 보였다. 다행히 나는 좋은 사수를 만나 일을 잘 배웠다. 날마다 회사에 7시에 출근해서 밤 12시까지 일했다. 몇 배의 노력을 해야겠다는 오기와 위기의 식으로 일했다. 항상 '어떻게 일하면 효율적으로 성과를 낼 수 있을까?'를 고민했다.

내가 맡은 일은 보상 업무였다. 회사에서는 개인별, 부서별로 경쟁을 시켰는데, 나는 여러 번 1등을 하여 포상금도 받았고, 입사 6개월 뒤에는 신입사원 교육을 맡기도 했다. 23세 전문대 출신 신입사원이 4년제 명문 대학 출신인 30세 신입사원을 '멘토'라는 이름으로 교육하기도 했다.

그렇게 치열하게 1년을 보냈지만, 한순간도 머릿속에서 장사를 해보고 싶다는 꿈을 지우지 않았다. 그때 나는 회사에서 인정받고 있는 패기 넘치는 신입사원이었지만, 회사에서는 나의 미래가 그려지지 않았다. 아무리 봐도 내가 회사에서 승승장구할 수 있을 것 같지 않았다. 한 선배는 내게 이런 말을 했다.

"월급쟁이가 돈을 많이 벌려면 승진하는 수밖에 없어."

맞는 말이었다. 그런데 그 '승진'이라는 것도 쉬워 보이지 않았다. 또다른 선배는 내게 이렇게 조언했다.

"홍섭아. 너 승진하려면 윗분들에게 양주도 사 드리고, 아부도 해야 돼. 소처럼 일만 하고 실력만 있다고 승진하는 게 아니야. 날 봐. 대리시험에서 두 번이나 미끄러졌잖아."

그렇게 말한 선배는 명문대 출신이었다.

또한 나이가 어느 정도 든 선배들이 명예퇴직을 하는 모습을 보면서 많은 생각이 들었다. 선배들은 마흔만 넘어도 퇴직 후를 걱정했다. 결국 나도 나중에는 회사의 소모품으로 버려질 운명이 아닐까?

'내가 승진 하나만을 바라보고 사는 저들을 이길 수 있을까? 학벌이 좋은 저들과 경쟁해서 살아남을 수 있을까?'

나는 이 회사에서 조직 관리나 시스템 등의 노하우를 익혀서 빨리 떠나야겠다는 생각이 들었다. 나는 결국 은행에서 600만 원을 대출받아 작은 실험을 시작했다.

부끄러웠던 첫 장사 경험

2014년 3월, 그때는 아직 '푸드트럭'이라는 말조차 없을 때였고, 주로 음식을 파는 트럭을 '스낵카'라고 불렀다.

푸드트럭 영업이 합법화되기 전의 일이다. 나는 97년식 노란색 라보를 500만 원에 구입했다. 스낵카로 어느정도 꾸며진 트럭이었지만, 80만 원의 재료비를 들여 내가 직접 좀 더 꾸몄다. 칵테일과 음료 재료비로 20만 원을 들여 총 600만 원을 투자하게 되었다. 아이템은 에이드, 커피, 칵테일이었다. 전에 바(Bar)에서 아르바이트를 할 때 칵테일 만드는 법을 배웠기 때문에 이것을 아이템으로 선정했다.

나는 주말에만 칵테일 차를 운영했다. 평일에는 회사에서 열심히 일하고, 주말에는 혼자 장사를 시작한 것이다. 매장을 얻어 장사하는 것은 부담스러우므로 푸드트럭으로 장사 수완을 익히자고 생각했다. 이른바 투잡!

처음 라보를 몰고 나갔던 장소는 신림사거리 롯데리아 앞이었다. 조심스럽게 도로변에 차를 댄 순간, 무서운 아저씨들 몇 명이 바로 찾아왔다. 말로만 듣던 조폭들이었다.

"야, 빨리 차 빼."

무서운 욕설을 내뱉는 조폭들의 얼굴을 보자마자, 나는 바로 차를 뺐다. 나중에 알고 보니 그곳은 원래 다른 분이 장사하는 자리였는데, 얼마나 놀랐는지 다시는 신림사거리쪽을 쳐다보지도 않았다. 다음으로 찾아간 장소는 보라매공원 정문 앞 도로였지만, 역시나 차를 대자마자 관리인이 뛰어나왔다.

"여긴 편의점도 있고 다른 상가들도 많으니 당장 나가요!"

"아저씨, 여기서 장사해 보면 안 될까요?"

아저씨는 오만상을 찌푸리며 나가라고 했다.

여러 곳을 돌아다니다가 간신히 한강공원의 한쪽에 자리를 잡았다. 1시간 동안 첫 장사할 준비를 하면서 가슴이 무척 두근거렸다. 장사 준비를 마치고 처음으로 푸드트럭 안으로 들어갔는데, 엄청난 부끄러움이 해일처럼 몰려들었다.

지금까지 살면서 느꼈던 부끄러움이 그냥 커피라면, 이날 느꼈던 부끄러움은 T.O.P였다. 일상적인 부끄러움이 그냥 숨 쉬는 것이라면, 이날의 부끄러움은 철인 3종 경기 12시간을 치른 후 숨 쉬는 것

만큼 심했다.

'나 지금 여기서 뭐하고 있는 거지? 내가 이렇게까지 해야 하나?'
라는 생각이 들었다.

그날의 감정은 지금도 손에 잡힐 듯 생생하다. 누가 시켜서, 억지
로 떠밀어서 시작한 일도 아니고, 내 손으로 직접 차를 꾸며서 들
어갔는데도 부끄러움에 몸서리쳐졌다. 항상 소비자였다가 처음으로
'장사꾼'이 되었을 때의 당혹스러움과 쑥스러움은 생각보다 컸다.
혼자서 이런 생각을 하며 얼굴을 붉히고 있는데, 구청 단속 차량이
왔다.
"빨리 차 빼세요!"
그 말을 들으니 마음이 더욱 급해졌다.
"죄송합니다."
연신 고개를 수그리면서 10분 만에 물건을 모두 정리하고 그 자
리를 떠났다. 겨우 다음 장소에 자리를 잡고 차를 열어보니 차 안의
술병들은 다 깨져 있었고, 레몬은 술에 젖어 바닥에 뒹굴고 있었다.
시간은 이미 밤 12시! 깨진 유리병과 레몬을 치우고 풀이 죽어 집
으로 갔다.
첫 장사는 그렇게 처절하게 끝났다.

500만 원을 주고 구입한 첫 푸드트럭. 선반 제작, LED등 달기도 내가 직접 해서 인테리어 비용을 아꼈다.

처음으로 장사를 시작했을 때의 모습. 얼굴에 긴장이 가득하다.

배짱이 생기다

장사 한 번 못 해 보고 시내 주요 도로에서 쫓겨나기만 한 지 한 달. 조금씩 오기와 배짱이 생기기 시작했다.

어느 토요일 밤, 유동 인구가 많기로 유명한 안양역 1번가로 무작정 향했다. SK텔레콤이나 KT핸드폰 매장처럼 목 좋은 곳을 노렸고, 그 가게 앞에서 자리를 펴기로 결정했다. 가게 문을 닫을 때까지 시속 10km로 천천히 주변을 돌면서 1시간 정도 기다렸다. 지나가는 사람이 많아서 차를 돌리는 일도 만만치 않았고 하마터면 사고가 날 뻔하기도 했다. 간신히 주차를 하고 장사 준비를 하고 있는데, 갑자기 우락부락한 아저씨 몇 명이 찾아왔다.

"너 누구 허가 받고 여기에 자리 폈냐?"

"저 오늘만 여기서 장사할게요."

여기서도 쫓겨나면 영원히 장사를 못 해 볼 것 같은 절박한 마음이 들었다.

　주말에 장사를 시작하고 나서는 매번 단속에 쫓기고, 조폭들과 노점상들에게 밀려나서 장사다운 장사를 한 번도 해 본 적 없었다. 나는 여러 번 허리를 굽히고 음료수를 따라 아저씨들께 건네주면서 닭꼬치도 구워 제공했다. 그 아저씨들은 거기서 장사하는 노점상들이었는데, 떡볶이를 팔거나 인형뽑기 행사장을 운영하고 있었다. 다행히 나의 처지를 이해하고 같이 장사를 하자고 했다.

　그곳에서만 장사를 할 수 있는 게 아니었기 때문에 두 번째 달도 계속 서울 각지를 돌면서 자리를 찾았다. 그러다가 기적처럼 장사하기 좋은 곳을 찾아냈는데, 바로 반포대교 한강공원 잠수교쪽이었다. 노래하는 분수가 있어서 외국인 관광객들의 관광코스인 데다가 주변에 식당이나 편의점이 없었고, 유동 인구도 많았다. 이곳에도 이미 푸드트럭을 운영하는 사람들이 있었다.

　"안녕하세요? 이거 드세요. 저 여기서 장사하면 안 될까요?"

　나는 주말마다 그곳을 찾아가 한 달 동안 인사를 했고, 주변 쓰레기를 정리했더니 한 달이 지나자 장사할 수 있게 허락해 주었다. 나는 반포대교 한강공원 푸드트럭의 막내로 알아서 쓰레기도 치우고, 장사 후 뒤처리도 했다. 일하러 나가면서 형님들이 필요한 물품이 있다고 하면 두말 않고 사다 주었다.

푸드트럭 장사를 하는 사람들은 주변 상인들과 노점상들, 기존에 장사하는 푸드트럭 사장들과 마찰이 많고, 주먹다짐까지 하는 경우가 많다. 그러나 나는 항상 먼저 주변 상인들에게 ‘장사해도 되는지’ 묻고 시작했기 때문에 물리적인 충돌은 한 번도 없었다. 상인들이 안 된다고 하면 두말없이 떠났고, 단속차가 떠나라고 해도 곧바로 떠났다.

그때 만난 사람들과는 지금도 연락을 한다. 케밥을 파는 외국인 사장도 그때 만났다. 나는 외국인 사장의 케밥 파는 모습을 석 달간 유심히 살펴보고 요리법을 물어보았지만, 그는 절대 알려주지 않았다. 하지만 거기서 만난 한 사장은 이후 내가 메뉴를 개발할 때 큰 도움을 주었다. 그 사람은 외식업체 에이스 주방장 출신인데, 돈을 벌기 위해 푸드트럭을 하고 있었다. 훗날 내가 케밥을 연구할 때 소스와 고기를 가지고 찾아가면 다양한 소스 배합법과 조리법을 아낌없이 알려주었다. 그 사람 덕분에 나는 케밥 레시피를 비교적 수월하게 개발할 수 있었다. 나는 늘 인복이 넘치는 사람이라는 생각이 들었다. 길 위에서 만난 인연도 이렇듯 소중하다!

나는 장사를 시작한 지 두 달이 지나 그곳에 자리를 잡았다. 반포대교 아래에서 벌어들인 첫날 매출은 자그마치 72만 원! 그동안의 고생이 눈 녹듯이 사라졌다. 장사를 한 지 넉 달 만에 대출금 600만 원을 모두 갚았고, 이후에는 완전히 흑자로 돌아섰다. 그 후 다섯 달 동안 반포대교 한강공원에서 주말에 열심히 장사를 했다. 그해 11월, 장사 시작 9달 만에 라보를 팔고 05년식 중고 포터 II를 950만 원에 구입했다.

단속 차량과 숨바꼭질하기

노점이나 푸드트럭을 하는 사람들이 가장 무서워하는 색은 바로 '노란색'이다. 노란색 단속차가 뜨면 일사분란하게 자리를 떠나야 하기 때문이다.

반포대교 한강공원에서 맡은 내 임무 중 하나는 단속차 점검이었다. 도로 위에서 달려오는 단속차를 보기 위해 1분 동안에도 수십 번씩 고개를 오른쪽으로 돌렸다. 손님에게 음료를 담아주면서도 고개가 자꾸 오른쪽으로 돌아갔다. 도로 위의 단속차를 발견하는 순간, 형님들에게 재빨리 알리고 물건을 부랴부랴 치웠는데, 이때 심장이 마구 벌렁거렸다. 다행히 잠수교 도로는 항상 막혔기 때문에 단속차가 올 때면 모두 피할 수 있었다. 일반적으로 단속차는 10~20분 정도 머무르다가 떠났으므로 다시 트럭을 몰고와서 장사를 할 수 있다. 그러나 단속차가 아예 주차를 하고 계속 상주하는 경우도 있었는데, 이때는 어쩔 수 없이 그날 장사를 접어야 했다.

단속차와 했던 숨바꼭질도 기억에 남지만, 1년간 사귄 여자친구와 헤어진 일도 잊혀지지 않는다. 여자친구는 꾸미는 것을 좋아하는 예쁜 친구였는데, 공무원 집안에서 자랐기 때문에 내가 주말에 장사하는 것을 이해하지 못 했다.

"월급이 잘 나오는데, 왜 장사해? 이게 뭐야? 왜 주말에 못 보는 거야?"

이렇게 말하면서도 장사하는 곳에 몇 번 찾아왔다.

"여기서 데이트하지 뭐."

그러면서 한두 시간 옆에 앉아 있다 갔다. 지금 생각해 보면 여자친구는 내가 도로에 세워둔 트럭 옆에 앉아 있는 것도 창피했을 것이다. 그녀는 2~3시간 동안 음료수가 한 잔도 안 팔리는 모습도 보았고, 내가 단속을 맞고 허둥지둥 쫓겨나는 모습도 보았다. 차의 창문을 수동으로 여는 모습도 초라해 보였을 것이다. 게다가 운전석은 물론 뒷자리에도 에어컨이 없어서 항상 내 몸은 땀에 젖어 있었다. 칵테일 차량이기 때문에 깔끔해 보이려고 머리에 왁스를 잔뜩 발랐는데 날씨가 더워서 머리에 떡이 지기도 했다. 결국 여자친구는 더 이상 찾아오지 않았고 그렇게 나를 떠났다. 나를 더 이상 찾아오지 않는 그녀를 떠올리면서 '내가 이렇게까지 해야 되나?' 하는 생각이 들기도 했다. 그래도 장사를 너무 하고 싶은 것을 어떻게 하나!

푸드트럭의 매력에 '푹' 빠지다

모두가 반대한 푸드트럭에 내 인생 걸기

공부 안 하면
저 아저씨처럼 된다

여자친구뿐만 아니라 가족도 나를 철저히 무시했다. 요즘에는 어머니가 내가 바쁠 때 채소도 사다 주고, 고기도 재워주는 등 나를 많이 도와주시지만, 지금까지 한 번도 밤도깨비 야시장을 찾아오신 적이 없다. 아들이 트럭에서 음식을 파는 모습을 보고 싶지 않으신 것이다. 아버지도 밤도깨비 야시장을 잠깐 지나가다 들른 적만 있다. 그래서 나는 밤도깨비 야시장에서 모녀나 부자가 함께 장사하는 모습을 보면 무척 부럽다. 또한 가족이 찾아와 격려해 주는 모습을 보는 것도 부럽다. 다행히 형은 시간이 흐르면서 나를 조금씩 이해해 주었다.

어디 내가 인정받지 못하는 대상이 가족뿐이랴!

장사를 처음 시작할 무렵, 나는 관악구의 한 아파트에 살고 있었다. 집으로 가려면 가파른 언덕을 올라가야만 했는데, 눈이나 비 오는 날이 아니어도 앞차가 갑자기 서면, 낡고 덜덜거리는 노란색 라보는 멈추기 일쑤였다. 그럴 때 지나가는 사람들의 비웃는 시선이 유리창을 뚫고 들어왔다.

게다가 아파트 주차장에 라보를 주차하면 경비아저씨가 한 번에 달려 나왔다.

"어이, 여기 당장 차 빼요!"

"아저씨, 저 여기 주민이에요."

아무리 이야기를 해도 경비아저씨는 막무가내였고, 계속 불법 주차 스티커를 붙였다. 내가 살던 아파트가 서울에서 제일 비싸거나 고급스러운 아파트가 아니었는데도 '장사하는 똥차'를 보는 경비아저씨의 눈빛에는 무시가 가득했다. 경비아저씨는 나에게 주민임을 증명하라고 요구했다.

"주민등록증과 등본 가지고 와 봐요."

나는 군말 않고 서류도 보여주고 주민용 주차 스티커를 붙였다. 그런데도 경비아저씨는 계속 주차 위반 스티커를 붙였다. 나는 그곳에서 고등학교 때부터 살아서 모든 경비아저씨들을 알고 있었다.

"경비아저씨, 택배 찾아갈게요. 이 음료수 드세요."라고 웃으며 말도 건넨 사이다. 그러나 그분들은 '양복을 입고 출근할 때의 나'와 '운동복을 입고 장사를 마치고 돌아가는 나'를 동일 인물로 알아보지 못했다. 그렇게 무시하던 경비아저씨도 내가 평일 아침에 양복을 입고 출근하면서 인사하면 환한 얼굴로 잘 받아주었다.

외모로 사람을 판단하는 사회, '우리 사회가 그런 사회'라는 것을 절실히 깨달은 시간이었다. 그런 편견을 알기 때문에 부모님은 장사하러 나가는 나에게 3년 간 단 한 번도 "잘 다녀와라." 하고 배웅해 주시지 않았다. 그때 속으로만 다짐했던 말이 있다.

'모두 후회하게 해줄 거야! 난 반드시 성공할 거야!'

장사하면서도 이런 불편한 시선을 많이 느꼈다. 내가 주로 장사하러 갔던 반포대교 옆 아파트에는 외제차들이 즐비했는데, 산책하는 사람들이 데리고 나오는 강아지들도 수준이 달랐다. 그런 부촌에서 장사를 할 때 제일 많이 듣는 말이 있었다. 산책 나온 아이에게 엄마가 나를 가리키며 대놓고 말하거나, 뒤돌아서 말하는 사람들도 있었는데, 나에게는 다 들렸다.

"너, 공부 안 하면 저 아저씨처럼 된다!"

내 안의 부끄러움과
마주하다

푸드트럭에서 장사하는 나를 타인들만 무시한 게 아니었다. 장사를 하면서 순간순간 스스로에게 부끄러움을 느낀 적도 많았다. 푸드트럭 장사를 하고 싶다면 이렇게 묻고 싶다.

"자신의 모든 것을 내려놓을 수 있는 용기가 있습니까? 가장 밑바닥부터 시작할 각오가 되어 있습니까?"

생각만으로도 부끄러워진다면 시작하지 않는 게 낫다. 이게 푸드트럭 장사의 첫 번째 관문이다.

2016년 6월, 어느 건축 회사 창립 기념행사에 초청을 받아 참가했다. 이것은 밤도깨비 야시장에서 인기 푸드트럭 4곳 중 하나로 선정되어 마련된 자리였다. 나는 케밥 300인분을 케이터링(Catering)해 갔는데, 모든 행사가 끝나고 행사 사회를 보던 사람들이 임직원들 앞에서 인사를 하라고 했다. 그런데 그때 마이크를 건네주던 한 여자가 나를 뚫어져라 바라보았다.

'아, 그녀구나!'

나는 그녀를 알아보았다. 그녀는 칵테일 동호회에서 함께 어울렸던 회원으로, 이 회사의 신입사원이었다. 간혹 연락했기 때문에 그녀가 내 취업 소식도 알고 있었을 것이라는 생각에 내 얼굴이 한순간에 붉어졌다. 그 순간 그녀의 눈빛이 이렇게 읽혔다.

'오빠, 회사 다닌다며? 취업했다며? 왜 굳이 이런 일을 해?'

혼자만의 자격지심이었겠지만, 나는 후다닥 기념품을 받아 급하게 트럭을 정리했다. 보통 그런 경우는 인사를 하지만, 나는 바로 차를 빼서 나왔다. 그때는 어느 정도 장사도 자리잡고, 회사에 다닐 때보다 돈도 잘 벌 때였다. 그래도 내가 정장을 입고 그녀를 만났더라면 피하지 않았을 것이라는 생각이 계속 머릿속에 맴돌았다. 혹시라도 그녀가 '저 한심한 놈. 트럭이나 몰고 다니네.'라고 생각할까봐 서둘러 자리를 피했던 게 아닐까?

2016년 10월, 경기도 N아울렛에서 행사를 마치고 집에 왔는데, 어머니가 물었다.

"너 혹시 아는 사람 만났어?"

"뭐, 만나면 어때?"

말은 이렇게 하면서도 마음속에는 어머니 말이 맞을 수도 있다는 생각을 했다. 아무래도 우리나라는 장사를 '천한 것'으로 여기기 때문이다. 게다가 번듯한 점포도 아니고 트럭에서 물건을 파는 장사꾼에 대한 편견은 두말할 필요가 없을 정도로 형편없다.

비슷한 시기에 여의도 밤도깨비 야시장에서 장사를 했는데, 회사 사수였던 선배를 본 적도 있다. 그날도 줄이 길게 늘어서 있었는데, 거기서 키 큰 한 사람을 본 순간 몸이 굳었다. 나는 마스크를 하고 있었지만, 그가 내 얼굴을 알아볼 것 같았다.

"종하야, 나 음료수 좀 사올게."

직원에게 말했지만, 내 말소리가 스피커에 묻혔다. 나는 사색이 되어 무작정 푸드트럭에서 빠져나왔고, 10분 후 에이드 몇 잔을 들고 트럭으로 돌아왔다. 그는 내가 H그룹에 다닐 때 나의 사수였고, 내가 존경하는 선배였으며, 술자리도 자주 가졌던 선배였다. 내가 에이드를 들고 올 때 그와 스쳤는데, 그가 날 알아볼까봐 조마조마했다. 후배가 말했다.

"형, 이렇게까지 할 필요 있어?"

나는 누구보다 이 일을 좋아하고 사랑한다. 그런데도 회사 사람을 만나니 죄지은 것도 아닌데 당당한 마음이 들지 않았다. 아직도 회사 사람들은 내가 왜 사표를 냈는지 모른다. 그래서 그때 친하게 지냈던 선배들이 이렇게 이야기한다.

"홍섭아, 요즘 푸드트럭이 뜬다고 하는데, 너도 한 번 해 봐라."

그런 이야기를 들으면 속으로 이렇게 대꾸한다.

'선배, 그거 제가 하고 있거든요.'

자신의 모든 것을 내려놓아야 하는 일.

세상의 편견에 때로는 쪼그라든 대추처럼 위축될 수도 있는 일.

내가 좋아서 신나서 하는 일이지만, 사람들의 시선이 느껴질 때면 문득 초라하게 느껴질 수 있는 일.

그것이 바로 푸드트럭 장사다.

가게를 크게 운영했거나, 회사에서 임원을 했거나, 회사를 오래 다녔다면 모든 자존심을 버리고 바닥까지 자신을 내려놓을 수 있을까? 아직까지 푸드트럭은 우리나라처럼 명예를 중시하는 나라에서는 사회적으로도 인정받기가 쉽지 않다. 또한 실패했을 때는 '그 정도 일도 못 해내는 사람'이라는 비난을 받을 수도 있다.

푸드트럭은 무작정 시작할 사업이 아니다. 정말 많이 준비해야 하고, 무엇보다 '강인한 멘탈'이 필수인 사업이다.

푸드트럭의 매력은 바로 이것!

가족의 반대와 낯선 이들의 멸시, 그리고 내 안의 부끄러움을 모두 잊게 만들 만한 매력을 가진 것이 바로 푸드트럭이다. 내가 생각하는 푸드트럭의 매력은 바로 이것이다.

첫째, 창업 자본이 상대적으로 적게 든다.

내 삶의 모토는 '부모님께 손 벌리지 않는다'는 것이다. 1년 정도 직장생활을 했던 24세의 내가 창업을 시도해보기에는 푸드트럭이 제격이었다. 수도권 상가의 경우 가게마다 다르지만, 보증금과 임대료, 권리금까지 붙는 경우가 많다. 그에 반해 푸드트럭은 '트럭이 곧 매장'이니 적은 금액으로 시작할 수 있다.

둘째, 스스로 세상에 부딪쳐 볼 수 있다.

보호막 없이 내가 길에서 사람들과 만나서 세상을 배울 수 있다.

셋째, 푸드트럭은 장사의 시작이다.

나는 노점을 할 생각도 있어서 여러 자리를 알아보았는데, 노점도 텃세가 심했다. 명동 노점의 경우에는 친인척들 간에도 자리를 서로 매매하지 않는다고 한다. 하지만 고객들과 최전선에서 만나는 푸드트럭이야말로 장사를 가장 밑바닥부터 배울 수단이 될 수 있다. 한 단계 한 단계 밟아가면서 장사를 배우다가 나중에는 나만의 사업을 차릴 수 있는 기반이 되는 사업이 바로 푸드트럭 사업이다. 그리고 푸드트럭의 가장 큰 장점은 나중에 사업을 할 때 겪을 시행착오를 미리 겪어볼 수 있다는 점이다.

나는 2014년 11월, 950만 원에 1톤 포터 II를 구입했다. 푸드트럭의 인테리어도 모두 내가 했고, 차 안에 필요한 물품도 직접 발품을 팔아 제작했다. 목재소와 인테리어 가게를 돌아다니면서 가격을 비교해 본 후 선반과 수납함을 짰다. 필요한 조리 시설인 불판이나 튀김기 같은 기기도 직접 구매하면서 모든 자재를 내 손으로 마련했다. 이때 총 비용이 300만 원도 안 들었는데, 이것은 굉장히 저렴하게 푸드트럭을 꾸민 가격이다. 많은 사람들이 업체에 맡기는 경우가 많은데, 이 경우에는 비용이 훨씬 많이 든다.

목공소도 직접 찾아갔고, 건축 자재 박람회도 수시로 둘러보았

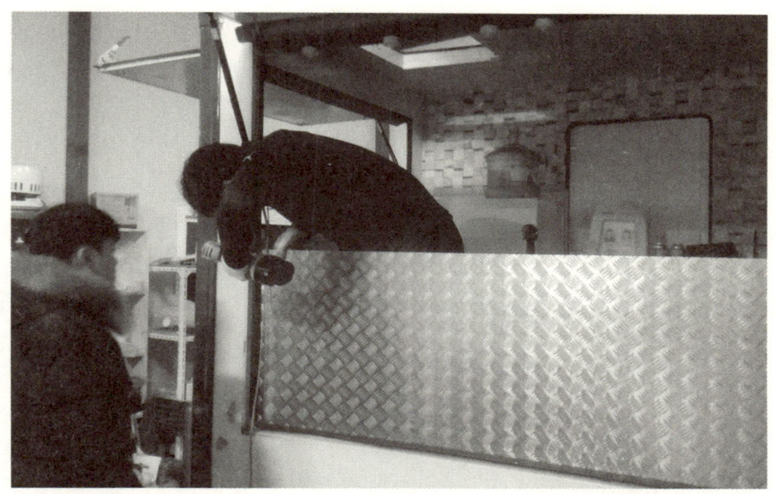

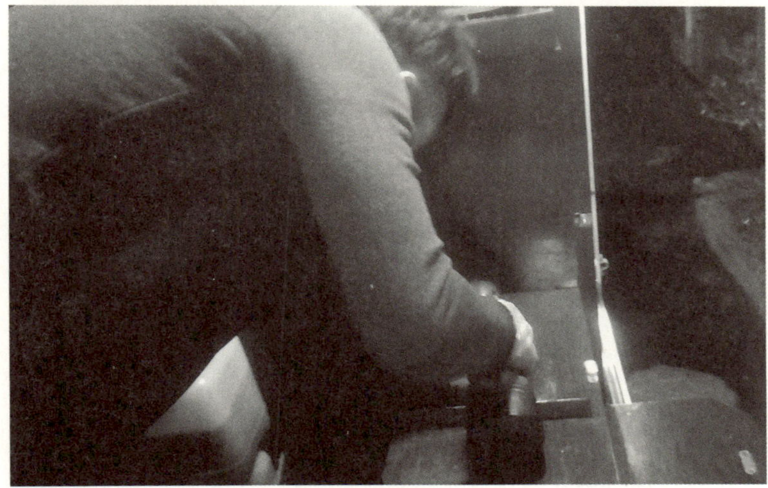

목공소와 조명 가게도 직접 찾아가고, 웬만한 푸드트럭 인테리어는 직접 해 보려고 노력했다.

다. 또한 장사를 하면서 푸드트럭 꾸미는 일도 내가 직접 했다. 밤도깨비 야시장에 처음 들어가서는 장사가 너무 안 되어 아르바이트생들이나 주변 상인들에게 '우리 가게의 문제'에 대해 많이 물어보았다. 그랬더니 '여심을 공략하라!', '아이들을 공략하라!'고 조언해 주었다. 그래서 팬시점을 돌면서 여성들이 좋아할 강아지 인형과 고양이 인형을 구입했고, 아이들이 좋아할 자동차, 로봇 모형을 사들였다. 이런 인테리어는 누가 해 줄 수 있는 게 아니라 사장이 직접 고민해서 실행해야 한다. 또한 푸드트럭에 LED등을 설치해야겠다고 마음먹고 업자를 만났는데, 재료비와 공임비까지 50만 원을 달라고 했다. 하지만 직접 하니 10만 원에 해결되었다.

여의도 밤도깨비 야시장에는 예쁜 트럭들이 많다. 나의 트럭은 그에 비해 볼품없는 편이어서 많은 고민 끝에 그라피티로 꾸미기로 했다. 내가 알기로 그때까지 우리나라에는 그라피티로 꾸민 차가 없었다. 그래서 홍대에 있는 그라피티 아티스트를 찾아갔다. 내가 아티스트의 옆에서 너무 많이 수정을 요구해서 아티스트가 매우 피곤했을 것이다. 나중에 그 아티스트의 블로그를 보니 내가 엄청 깐깐했다고 써 있었다. 내가 한마디로 진상손님이었던 셈이다. 그러나 내 돈을 주고 사업에 투자한다고 생각하면 대충 할 일은 하나도 없었다.

내 차를 그라피티로 꾸미고 밤도깨비 야시장에 입점했는데, 손님들이 신기해했다.

그라피티로 꾸민 푸드트럭

"와, 이거 직접 그린 거예요?"

우리 트럭은 비싼 트럭도 아니었고, 돈을 많이 들여 꾸민 트럭도 아니었지만, 충분히 사람들의 입에 오르내리는 특색 있는 트럭이 되었다. '세상에 단 하나뿐인 그림이 그려진 차'라는 매력을 가진 트럭이 된 셈이다. 이후 내 트럭을 보고 몇 트럭이 그라피티를 했다. 그래서 나는 지금 고민 중이다.

'내년에는 어떻게 특색 있게 차를 꾸며볼까? 어떻게 튀어볼까?'

장사를 하면서 장사에 필요한 물품에 대해서도 꾸준히 고민하고 있는데, 그중 하나가 바로 '케밥 포장지'였다. 원래는 흰색 포장지를 썼지만, 특색이 없어 보였다. 그래서 오랫동안 연구한 끝에 산뜻한 연두색 스트라이프 포장지를 찾아냈다. 백화점에서는 눈에 잘 띄게 빨간색 포장지를 사용하는 것에서 힌트를 얻어 손님들이 기다리는 곳에 빨간색 카펫도 깔았다. 빨간색 카펫은 손님들이 일렬로 깔끔하게 줄을 설 수 있게 안내해 주면서도 손님들이 기다리는 동안 조금이라도 대우받는 느낌이 들게 해 준다.

다시 말해서 나는 '오빠손맛' 푸드트럭을 운영하면서 인테리어와 소품까지 일일이 직접 준비하고 고민하고 있다. 지금도 나는 고민 중이다. 내가 푸드트럭에 다양한 시도를 하는 이유는 간단하다. 나중에 나의 가게를 내서 장사하고 싶어서다. 그때 업자에게만 맡기지 않고 내가 주도적으로 가게를 꾸미고 싶기 때문이다. 푸드트럭이

라는 좁은 공간에서 할 수 있는 모든 시도를 해 봐야 다음에 큰 장
사를 할 때 튼튼한 자산이 될 것이라고 생각한다.

푸드트럭은 내가 몸을 움직인 만큼 돈을 벌 수 있다. 열심히 하
면 이만한 사업도 없다. 그리고 축제나 사람이 많은 곳에서 장사하
니까 그만큼 신나고 즐겁게 돈을 벌 수 있다. 이 정도면 푸드트럭의
매력이 충분하지 않을까?

몰래 푸드트럭을 시작한 이유

나는 2년 동안 회사와 푸드트럭을 병행했다. 당연히 회사에서는 내가 푸드트럭을 운영하는지 아무도 몰랐다. 그 이유는 이렇다.

푸드트럭을 한다고 회사 업무에 소홀하다는 말을 듣기가 싫었기 때문이다. 실제로 회사에서 일할 때는 '직장인 모드'로 돌아가 열심히 일했다. 지금도 회사 사람들은 내가 무슨 일을 하는지 모른다. 저 사람이 나가서 어떤 장사를 하는데 저 장사가 이러니저러니 하는 말에 신경을 쓰기가 싫어서 지금까지 말을 아끼고 있다. 그렇다고 회사 사람들을 속인 것은 아니었다. 내가 회사에서 대충 일하는 게 아니라면, 굳이 말할 필요는 없다. 회사가 내 인생 전부를 책임 져 주는 곳이 아니기 때문이다.

치열하게 준비해야 살아남는다

사내 커플이나 연예인 커플의 경우 공개적으로 연애하다가 깨지면 당사자들은 돌이킬 수 없을 만큼 수많은 상처를 받기도 한다. 회사를 다니면서 푸드트럭이나 부업을 할 경우에도 회사에 이 사실을 알려서 좋을 것은 하나도 없다고 생각한다.

내가 주말에만 푸드트럭을 운영한 이유는 위험 부담을 최소화하기 위해서였다. 창업은 한두 푼 드는 일이 아니다. 아침마다 떠지지 않는 눈을 떠서 지옥철을 타고, 상사들의 비위를 맞춰가면서 일하며, 육체를 혹사하고, 막노동을 하고, 잠을 쪼개가면서 아르바이트를 하고, 모멸과 자괴감을 느끼면서 모은 돈으로 창업을 하는 사람들이 대부분이다. 이렇게 힘들게 아껴서 모은 돈을 날릴 수는 없는 일이 아닌가? 이것이 바로 창업에 많은 준비가 필요한 이유다.

금수저로 태어난 사람이 아닌 이상, 회사까지 그만두고 창업을 했는데 망한다면 돌이킬 수 없는 일이 될 것이다. '삼국지'에서는 배수진을 두지 않고 싸워야 전투에서 승리한다고 하지만, 지금은 삼국시대보다 더 살벌한 '살아남기 경쟁'이 참혹하게 벌어지고 있는 시대이다.

가능하다면 반드시 배수진은 남겨두는 것이 좋다. 우리나라처럼 사회적 안전망이 없는 나라일수록 더욱 배수진이 필요하다. 나는 칵테일 푸드트럭이 장사가 안 되었다면 회사를 계속 다니면서 다른 사업을 준비했을 것이다. 나는 칵테일 차로 주말에만 영업을 하면서 자리 찾기뿐만 이나라 손님 접대 요령, 외식 트렌드 파악, 아이템 개발 등을 미리 차근차근 준비했다.

장사를 하고 싶은 사람은 무턱대고 근사한 푸드트럭을 사서 시작하기보다 아르바이트도 하고, 장사 경험도 쌓으면서 다양하게 자기만의 실험을 해 본 후 자기의 사업에 도전해 보기를 바란다. 10명 중 8명이 실패한다는 장사의 세계에서 치열하게 준비한 자만이 살아남는 2명이 될 것이다.

돌다리도 두드려 보고 건너라!

회사에 사표를 내고
푸드트럭의 시동을 걸다

시간이 흐르자, 내 푸드트럭은 점점 입소문이 나면서 연예계 행사나 기업 행사에 초청되기 시작했다. 원하는 곳에 가서 음식을 차려주는 '케이터링 서비스'도 병행했는데, 평일에 이런 일이 들어오면 회사에 하루 휴가를 내고 행사를 진행하기도 했다. 평소에는 회사에서 열심히 일했기 때문에 쉽게 휴가를 낼 수 있었다. 이렇게 하루 행사를 진행하면 150~200만 원 정도의 매출을 올릴 때도 있었다.

회사와 푸트트럭을 병행했던 시간 동안 하루도 쉬는 날이 없었다. 평일에는 회사에 다녔고, 주말에는 장사를 했다. 평일에도 행사가 있는 날에는 퇴근 후 KTX를 타고 지방으로 내려가 행사를 진행하고 새벽에 올라와서 출근했다.

추석 명절에도 쉬지 않고 장사를 했다. 명절에는 단속이 뜸해서 장사가 잘 되었다. 주말에는 보통 하루 70~90만 원 정도 매출을 올렸고, 연휴를 끼고 며칠 동안 장사를 하면 300만 원 이상 매출을 올렸다.

그러던 중 정부에서 2014년 푸드트럭 합법화 정책을 시행했다. 2015년 10월, 여의도 밤도깨비 야시장이 한 달간 시범운영되었는데, 나는 이것을 유심히 지켜보았다. '사람들이 한강공원까지 찾아와서 음식을 사 먹을까?' 하는 궁금증이 생겼고, 이 계획이 실패할 것이라고 예측했다. 결과는 예상 밖으로 대성공을 거두었다. 많은 시민들이 한강공원까지 찾아왔고 그곳에서 장사한 푸드트럭들은 높은 매출을 기록했다.

앞으로는 푸드트럭으로 장사를 할 때 합법화를 하지 않으면 힘들겠다는 직감이 들었기 때문에 즉시 합법화를 진행하기로 결심했다. 하지만 준비할 서류가 너무 많아서 이것은 특장업체에 대행했는데, 이때 150만 원 정도의 비용이 들었다. 합법화에 맞게 푸드트럭의 구조를 변경하고, 승인이 날 때까지 보름에서 한 달 정도 소요되므로 장사를 준비하는 사람들은 반드시 이 일정까지 고려해야 한다.

때마침 '세계의 음식'이라는 콘셉트로 '2016년 서울 밤도깨비 야시장'에 참여할 모집 공고가 떴다. 나는 전문적으로 요리를 배우지는 않았지만, 어릴 때부터 요리하는 것을 좋아했다. 회사에서 야유회를 가면 나 혼자서 50인분의 요리를 다 준비해 갈 정도였다. 그러나 내가 늘 하던 음식과는 다른 메뉴가 필요했다. 여의도 밤도깨비 야시장 콘셉트가 '월드 나이트 마켓', 즉 '전세계 야시장'이었기 때문에 떡볶이, 어묵, 순대, 닭꼬치 같은 음식은 제외하고 생각했다.

이제 아이템을 개발해야 할 때가 온 것이다.

세계의 음식 중에서 한국인 입맛에 맞는 메뉴가 무엇인지 서울 중심 상권으로 나가 조사를 시작했는데, 내 눈에 케밥이 들어왔다. 어릴 때부터 나는 케밥을 좋아했고 3년 전 장사할 때부터 눈여겨보던 아이템이었다.

아이템을 정한 후 케밥을 배우기 위해 이태원의 가게들을 돌아다녔다. 케밥 만드는 법을 알려줄 테니 전수비로 1,000만 원, 2,000만 원을 달라는 사람도 있었다. 하지만 내가 장사를 하면서 결심한 것 중 하나는 '돈으로 모든 것을 해결하려고 하지 말자'였다.

음식 전수비도 마찬가지라고 생각했다. 아이템 선정 후 시중에 파는 케밥을 셀 수 없이 먹으러 다녔다. 그리고 터키, 인도, 파키스탄 사람들을 만나 그들에게 조언을 구하고 그들이 사용하는 소스를 구입해서 요리를 시도했다. 그런데 생각해 보니 인증이 안 된 소스라는 것이 마음에 걸렸다. 여름에 소스가 부패해서 손님이 배탈이라도 나면 큰일이겠다는 생각이 들었다. 그래서 시중에 나와 있는 HACCP 마크가 찍힌 각종 소스 60여 개와 수십 가지의 향신료를 구입한 후 닭고기에 향신료와 소스를 배합하여 '묻지 마 개발'을 시작했다.

유명한 닭 업체 여러 곳에서 샘플 닭을 받아 조리해 보았는데, 납품 업체별로 닭의 신선도에 조금씩 차이가 있었다. 해동했을 때나 익혔을 때 냄새가 나는 닭도 있었고, 식감이 흐물흐물한 닭도 있었으며, 배송이 문제인 곳도 있었다. 나는 이러한 사항을 모두 고려해서 가장 좋은 닭 납품 업체를 선정했다. 이후 계속해서 수백 번씩 고기를 소스에 재워 숙성시키는 과정을 실험했다.

2015년 10월부터 2016년 2월까지 넉 달간 매일 향신료와 소스를 배합해서 케밥의 맛을 찾아갔다. 가족은 매일 케밥을 먹어야 했는데, 결국 어머니가 또 나의 등짝을 쳤다.

"야, 이놈아! 이젠 케밥이라면 질렸다! 그리고 회사나 열심히 다녀!"

결국 실험 넉 달 만에 케밥 레시피를 찾아냈다. 그때의 쾌감은 내가 고등학교 때 애써 모은 돈으로 산 첫 오토바이에 처음 시동을 걸었을 때보다 더 짜릿했다.

'내 나이 27세, 푸드트럭으로 정면승부해 보자.'

다음날 나는 회사에 사표를 냈다.

장사꾼으로 살자

사표를 내는 게 절대로 쉬운 일은 아니었다. 퇴사에 대해서는 1년 동안 꼬박 고민했다. 이미 푸드트럭 부업으로 주말에 버는 돈이 월급의 몇 배가 되었지만, 사표를 내고 회사를 나온 일은 정말 큰 결심이 필요했다.

회사는 내 울타리가 되어 주는 느낌이 드는데, 첫 회사는 더욱 그렇다. 회사에서 들어주는 4대 보험도 매우 든든하게 느껴진다. 아침에 눈을 떠서 갈 곳 있고, 어딘가에 적을 두고 있다는 것은 사람을 무척 편안하게 해준다. 초등학교 때부터 눈 뜨면 가는 게 학교였으니, 어딘가에 소속되어 있다는 것은 큰 안도감을 준다. 또한 나는 내 학벌을 알기 때문에 회사를 나가면 다시는 이런 회사에 들어올 수 없다는 사실도 잘 알고 있었다. 이 모든 요소들이 나를 더욱 고민하게 만들었다.

그러나 마흔 중반 이후의 나의 모습을 생각해 보았다. 어떻게든 회사에 붙어있을 수는 있겠지만, 마흔 중반 이후에는 퇴직해야 한다는 생각이 들었다. 그러자 미리 나와서 하고 싶은 일에 도전해 보는 게 낫겠다는 결정을 내릴 수 있었다.

또 하나의 이유는 길에서 만난 푸드트럭 사장들 때문이었다. 회사에서 나보다 몇 살 많은 선배들은 항상 업무에 찌들어 있었고, 무척 피곤해 보였다. 그런데 길에서 만난 사장들은 달랐다. 일단 얼굴이 밝았다. 일의 경중을 따지자면 오히려 푸드트럭쪽이 여러 가지 여건상 힘들겠지만, 자기 일을 한다는 생각에 즐겁게 일하는 푸드트럭 사장들이 많았다. 사장들의 나이와 회사 선배들의 나이가 같다는 사실에 놀라기도 했다. 결국 나는 알을 깨고 나오기로 했다.

아무도 반기지 않는 곳,

아무도 나를 기다려 주지 않는 곳,

내가 없는 길을 만들어 걸어가야 하는 곳으로.

내가 회사에 사표를 내던 날, 아버지가 어깨를 두드려 주시면서 이렇게 격려해 주셨다.

"이제 넌 장사꾼으로 살아라!"

보통 사람들은 회사원으로 살다가 어느 날 갑자기 장사꾼으로 살려면 모드 전환이 빨리 안 된다. 하지만 난 회사를 다니면서 서

서히 준비를 했기 때문에 사표를 낼 시점에는 빠르게 장사꾼 모드로 바꿀 수 있었다. 이후 아버지는 내가 푸드트럭을 개조할 때뿐만 아니라 지금까지 많은 부분을 도와주신다. 거래처에 가거나 시장조사를 할 때 아버지와 동행하기도 하고, 아버지가 좋아하는 순대국을 한 그릇씩 먹고 들어오기도 한다. 회사에 다니느라 바쁜 형은 아버지와 어색한 면이 있지만, 나는 매우 가깝게 지낸다. 장사꾼으로 살면서 정겨운 아들 노릇을 하는 것도 장사꾼이 되어 얻은 기쁨 중의 하나다.

Part 3

여의도 밤도깨비 야시장 이야기

외국인이 선정한
서울시 최고 정책 1위,
밤도깨비 야시장

여의도 밤도깨비 야시장은
하늘이 나에게 주신 기회

이제 메뉴 개발은 성공했다. 나는 떨리는 마음으로 2016년 2월, 서울시에 사업계획서와 관련 서류를 접수했다. 3월 중순에는 입점 트럭 선정을 위한 품평회가 있었다. 서류 심사 결과, 120대의 푸드 트럭이 1차 합격을 했지만, 그 중 30대만 최종 합격할 수 있었다.

120대의 트럭이 2주에 걸쳐 심사를 받았다. 서울시 공무원, 행사 주최측, 시민 평가단, 외국인 평가단 등 총 120여 명의 관계자가 참석하여 음식을 맛보고 채점을 했다. 음식 콘셉트뿐만 아니라 위생 상태, 청결, 신선도와 맛, 차량의 내부 시설까지 꼼꼼하게 살펴보아서 긴장되었다. 위생장갑과 마스크는 기본이고, 원산지도 당연히 모두 표시해야 했다. 하지만 최종 결과는 낙방이었다. 120대의 푸드트럭 중 37위, 예비 7번이었다. 선전하긴 했지만, 결과는 탈락이었다. 대신 단발성 행사였던 '청계천 밤도깨비 야시장'에 입점할 수 있었다.

청계천 밤도깨비 야시장에서 '케밥' 메뉴로 장사를 시작했던 첫 날. 짐을 내리고 장사를 준비하는 데 1시간이 걸렸고, 오후 6시에 야시장이 개장하면서 드디어 장사를 시작했다.

손님들은 벌써 마음에 드는 푸드트럭 앞에 서 있었다. 고기는 육즙이 터지게 알맞게 구워졌고, 토르티야도 주문과 동시에 구우려고 꺼냈다. 그런데 손님들에게서 뜻밖의 반응이 나타났다.

"콜록콜록"

우리 트럭을 지나던 한 분이 기침을 했다.

"왜 푸드트럭에서 쓰레기냄새가 나요?"라고 항의하는 사람도 있었다. 반응이 심상치 않았다. 음식맛을 본 손님이 고개를 갸우뚱거렸다.

그렇다! 케밥이 너무 터키 본토의 맛이었던 것이다. 향신료의 향이 너무 강해서 손님들에게 거부 반응이 생겼던 것이다. 외국인 손님들은 모두 맛있다고 말해준 게 그나마 위안이 되었다. 하지만 한국 손님들 사이에서는 향신료를 싫어하는 사람들과 좋아하는 사람들로 호불호가 크게 갈렸다. 산더미처럼 쌓여있는 고기와 여전히 기침을 하며 지나가는 손님들 때문에 마음이 착잡해졌다.

손님이 아니라면 아닌 거다.

그날 매출은 100만 원이었지만, 야심차게 준비해간 채소와 남은 고기는 전량 폐기했고 재료비와 아르바이트비를 빼고 나니 손해가 매우 컸다. 그날 밤부터 잠을 자지 않고 수백 개의 케밥을 먹으면서 다시 레시피를 개발했다.

한국인 입맛에 맞을 것!

케밥 고유의 맛을 잃지 않을 것!

이렇게 시행착오를 겪으면서 원하는 케밥맛을 찾아가고 있었다.

그런데 하늘이 나를 도운 것일까? 한 달쯤 지나자, 여의도 밤도깨비측에서 30대의 푸드트럭 중 한 대의 푸드트럭이 내부적으로 문제가 생겨 빠지면서 그 자리가 비었는데, 예비 1~6번 푸드트럭들은 다른 푸드트럭들과 메뉴가 겹쳐서 못 들어가니 나에게 그곳에 들어오라는 연락이 왔다. 결과적으로 생각해 보면, 여의도 밤도깨비 야시장에 들어가서 다양한 기회를 얻은 것이다. 나는 정말 운이 좋은 사람이다.

밤도깨비 야시장은 도깨비 방망이가 아니다

2016년 7월 26일, 서울시는 열흘 동안 국내외 외국인을 대상으로 '서울 시정 TOP 3' 투표를 진행했는데, 결과는 밤도깨비 야시장이 253표로 1위를 차지했다!

이 뉴스가 발표된 8월 12일, 여의도 밤도깨비 야시장은 축제 그 자체였다. 상인들은 모두 모여 박수를 치며 서로 격려했다. 청년 창업을 목적으로 서울시에서 진행한 사업이니만큼 이 사업을 기획한 밤도깨비 야시장 총감독 윤성진 단장도 와서 함께 기쁨을 나누었다.

밤도깨비 야시장이 처음부터 잘 된 것은 아니었다. 4월 중순부터 밤도깨비 야시장이 열렸는데, 그때는 손님이 거의 없었다. 나는 5월 중순에 장사에 합류했는데도 아르바이트생 중 한 명이 장소를 못 찾아서 30분 이상 헤맨 적이 있었다. 여의도 밤도깨비 야시장이 열리는 물빛광장은 대중에게 널리 알려진 장소가 아니었기 때문이었다. 하지만 시간이 흐르자 사람들 사이에 입소문이 나면서 관광객들이 몰려들었다.

지금도 여의도 밤도깨비 야시장에서 장사한 첫날을 잊을 수 없다.

양쪽 푸드트럭 옆에는 손님 줄이 길었지만, 우리 트럭의 앞에는 단 한 명의 손님도 없었다! 옆의 닭꼬치 푸드트럭에는 긴 줄이 이어져 있었는데 그것이 얼마나 부럽던지! 사장님이 나를 안쓰럽게 쳐다보는 것 같았다.

'내일은 바쁠 거야.'

혼자 마인드 컨트롤을 해 보았지만, 심란한 마음을 감출 수가 없었다. 내 푸드트럭에 너무 손님이 없어서 아르바이트생에게 의자를 내주고 앉아있으라고도 했다. 나는 어슬렁거리면서 다른 푸드트럭들을 돌아보았다. 내가 보결로 들어온 장사꾼이어서인지 다른 사장들의 눈빛이 나를 깔보는 것 같았다. 우등생들만 들어가는 자습실에, 정수기물을 마시러 온 열등생을 보는 눈빛이었다. 물론 내가 느끼기에 그랬다는 것이다.

역시 이곳도 부익부 빈익빈이었다. 장사가 잘 되는 푸드트럭은 아르바이트생을 몇 명이나 데리고 영업하고 있었다. 하지만 장사가 안 되는 푸드트럭은 정말 안 되었고 표정 관리가 안 되는 사장들도 있었다.

'아! 여의도 밤도깨비 야시장만 온다고 되는 게 아니구나!'

'야시장에 들어와도 굶어죽을 수 있구나!'

이런 생각이 들자 정신이 번쩍 들었다. 나를 비롯해 장사가 안 되는 사장들끼리 모여 머리를 맞대고 있는 회의하는 모습을 보면 위안이 되면서도 한숨이 나오는 상황이어서 서글펐다.

푸드트럭은 서울시에 입점료로 금요일과 토요일 이틀간 15만 원을 낸다. 즉 한 달에 60만 원 정도를 내는 것이다. 그러나 내가 만난 하위 매출을 기록중인 동병상련의 사장들 중에는 금요일 하루 매출이 5만 원에 불과해서 재료값과 입점료, 기름값을 빼면 마이너스 매출을 기록하는 경우도 많았다.

장사 첫날, 나는 야심차게 600인분의 케밥 재료를 준비하고 세 명의 아르바이트생을 모았다. 하지만 첫날 매출은 120만 원이었다.

보름 간 장사했던 청계천에서도 하루 최고 매출이 250만 원 나왔는데, 상황이 매우 심각했다. 게다가 남은 재료는 모두 폐기처분했기 때문에 손해가 더욱 심했다.

나는 주변 사장들과 아르바이트생들에게 "왜 우리 트럭이 안 될까?" 하고 많이 물었다. 손해를 보거나 겨우 본전치기한 날이 6주나 이어졌다. 나의 푸드트럭은 최하위 매출 푸드트럭 중 한 대였다. 지금 생각해 보면 참 힘빠졌던 초기의 두 달이었다.

그러나 나는 꾸준히 트럭을 꾸미고, 스피커와 비품도 사고, 포장지도 바꾸고, 진심을 다해 고객에게 응대하면서 케밥맛도 더욱 맛있게 업그레이드시켰다. 블로그에도 꾸준히 여의도 밤도깨비 야시장과 관련된 정보를 검색하여 포스팅했고, SNS를 통한 홍보도 잊지 않았다. 블로그를 보고 온 손님에게는 무료로 케밥을 제공했고, 아무리 피곤해도 블로그 포스팅을 거르지 않았다. 바쁜 날은 예약기능을 걸어 꾸준히 여의도 밤도깨비 야시장 소식을 업데이트했다.

그때 고민했던 것은 무조건 인터넷 블로그나 SNS에 케밥 사진이 많이 나오게 해야 한다는 것이었다. 그러나 '케밥'은 사진이 예쁘게 나오거나 깔끔하게 먹을 수 있는 음식이 아니었다. 그래서 갑티슈와 물티슈를 가져다 놓고 우리 손님이 아니어도 무료로 제공했다. 게다가 갑티슈는 무조건 새 것으로 준비해왔다. 행사를 가도 두루마리 화장지는 쓰지 않았다. 별것 아닌 것 같지만 손님의 기분이 좋으라고 은행에 가서 잔돈도 새 돈으로 바꿨다. 또한 '하나를 살까,

두 개를 살까?', '먹을까, 말까?' 망설이는 고객에게는 무조건 이렇게 외쳤다.

"고객님! 한 번 드셔보세요. 맛이 없으면 돈 안 받습니다!"

그러면 거의 모든 손님들이 사서 먹는다. 그만큼 나는 우리 케밥에 대한 자신감이 있었다. 초창기의 아픈 상처를 딛고 꾸준히 노력한 결과, 우리 케밥은 여의도 밤도깨비 야시장 사장들도 즐겨 먹는 메뉴가 되었다. 우리나라 푸드트럭에서 제일 성공한 사람들이 나의 푸드트럭 케밥이 맛있다고 인정해 주는 게 매우 뿌듯했다. 무조건 채소는 당일 구입, 당일 소비를 원칙으로 묵묵히 요리했는데, 맛을 인정받았기 때문에 행사에도 많이 초청되었다. 어느새 매출 하위권 사장들이 모여 있는 곳에 가면, 나에게 앙칼지게 쏘아붙였다.

"김 사장, 저리 가! 어디서 고매출자가 여기를 얼쩡거려!"

여의도 밤도깨비 야시장은 무조건 매출을 보장해 주는 도깨비 방망이가 아니다. 나 역시 6주간 준비한 물량을 폐기했고 계속 적자가 발생했지만, 이러한 시행착오를 딛고 꾸준히 노력했더니 어느 순간 나의 푸드트럭 앞에도 고객들이 긴 줄을 서기 시작했다. 정확히 7월에 들어서면서부터였다. 이때부터 매출이 오르더니 하루 매출 300만 원 이상을 기록하기 시작했다.

푸드트럭의 미래를
만들어가는 사람들

2014년에는 정부에서 '청년 창업을 위한 푸드트럭 규제 완화' 정책을 내놓았다. 그러나 이 정책이 발표되어도 '손톱 및 가시'를 뽑아주지 못한 정책이라는 비난을 받았다. 왜냐하면 푸드트럭 영업의 합법화 절차가 까다롭고 하천, 공원, 체육 시설 등 정해진 곳에서만 장사를 해야 해서 푸드트럭의 장점인 '이동성'을 살릴 수 없었기 때문이다.

차량의 구조 변경 승인 규격이나 사업자 등록증, 보건증, 위생 교육 등과 같은 외적인 부분은 어느 정도 정리가 된 것 같지만, '어디서 장사할 것인가?'는 여전히 문제로 남았다. 이러한 문제점을 해소하기 위해 서울시에서 시범운영한 것이 바로 '밤도깨비 야시장'으로, 2016년 4월부터 10월까지 운영되었다. 이 행사를 기획한 서울시청 관계자들과 야시장에 입주한 상인들은 '우리나라 푸드트럭이 나아가야 할 길'을 함께 만들어 나갔다.

매달 둘째 주 화요일, 서울시청 주최측과 입점 상인들은 동대문 디자인 플라자(DDP)에서 만났다. 김치버스 대표 김시형 님과 국회 의원들도 와서 좋은 강연을 들려주었고 함께 회의도 했다. 이 자리 에서는 우리도 의견을 적극적으로 내고, 주최 측의 의견도 듣는다. 예를 들어 장사를 할 때 물건을 적재할 공간을 사용하는 문제가 안 건으로 나온 적이 있다. 고객들이 바로 뒤 잔디밭에도 자리를 펴고 앉기 때문에 '정해진 공간만 사용하여 공간 쓰기, 청결 상태 유지하 기' 등의 규칙을 정했고, 불꽃축제나 추석 때는 영업시간을 조율하 기도 했다.

9월에는 공용 발전기에서 불이 났는데, 그 사건 이후에는 푸드트 럭 안전 문제에 대해 교육을 받고 토론도 했다. 모든 푸드트럭에 소 화기를 한 대씩 비치하여 사고에 적극 대비하기로 했다. 국가와 지 자체 차원에서 관리하는 푸드트럭 존은 처음이기 때문에 주최측에 서도 처음 겪는 일이 많았지만, 이럴 때는 상인들이 아이디어를 제 시하기도 했다. 이렇게 상인들과 주최 측이 한자리에 모여 서로 의 견을 나누는 이 시간이 나에게는 매우 소중하다. 이런 식으로 여의 도 밤도깨비 야시장 상인들은 '푸드트럭의 미래'를 만들어간다는 사실에 자부심을 느끼고 있다.

또한 한 달에 한 번씩 가슴 떨리는 시간이 이때 펼쳐진다. 바로 자리뽑기 시간! 어느 장사나 마찬가지겠지만, 푸드트럭도 자리가 중요하다. 뒷자리에 있을 때는 일 매출 200만 원 정도였던 푸드트럭이 맨 앞으로 가더니 일 매출 500만 원을 찍기도 했다. 맨 앞자리에서 높은 매출을 올리던 푸드트럭이 뒤로 가면서 매출이 반 토막 나기도 했다.

'오빠손맛' 푸드트럭은 한 번도 '로얄 자리'를 배정받은 적이 없다. 그래도 내 푸드트럭을 매출이 꾸준하다는 사실에 감사할 뿐이다.

Tip | 제1회 푸드트럭 공개 규제법정

2016년 2월 23일, 서울시청 서소문별관에서 '제1회 푸드트럭 공개 규제법정'이 열렸다. 서울시가 푸드트럭 관련 규제를 풀기 위해 마련한 공청회 자리로, 카카오톡 오픈 채팅방과 서울시 인터넷방송인 '라이브서울'로 생중계되었다.
박원순 서울시장은 카카오톡 오픈 채팅방에 직접 들어와서 많은 사람들의 의견을 수렴하였다. 이를 바탕으로 서울시는 전국 지자체 최초로 청년 창업 계획의 일환으로 제1회 여의도 밤도깨비 야시장을 개최하였다. 푸드트럭이 합법적으로 장사할 수 있는 공간을 마련해 준 셈이다. 여의도 밤도깨비 야시장의 성공을 전국의 지자체가 주목하고 있다. 따라서 거주지 지자체가 주최하는 푸드트럭 사업에 꾸준히 관심을 갖는다면, 당신이 그 지역의 푸드트럭의 선두주자가 될 수 있다.

푸드트럭에도
스토리가 있어야 한다

"여의도 밤도깨비 야시장에 입점하려면 어떻게 해야 하나요?"

많은 사람들이 내게 묻는다. 푸드트럭은 점점 늘어나고 있지만, 합법적으로 장사할 곳은 많지 않기 때문이다. 그래서 많은 사람들이 여의도 밤도깨비 야시장에 입점하려고 노력하고 있다. 그럴 때는 이렇게 이야기한다.

"자신만의 스토리가 있는 사람들이 유리합니다."

요즘은 스토리텔링시대다.

'장사에 웬 스토리?'라고 말할 수 있지만, 생각해 보라. 수많은 경쟁자들이 여의도 밤도깨비 야시장에 입점하기 위해 사업계획서를 쓰고 자기소개서를 작성한다. 그래서 이왕이면 '자기만의 장사 철학, 자기만의 이야기'를 가진 후보가 뽑히지 않을까?

언론에도 많이 소개되었지만, 여의도 밤도깨비 야시장에는 특이한 '스토리'를 가진 사람들이 많다. 삼성에 입사했다가 라오스여행에서 맛본 길거리 음식인 바나나팬케이크(로티)에 매료되어 삼성을 그만두고 장사하는 라오스 음식 전문 푸드트럭 사장도 있고, 5년 동안 게임회사에 다니다가 모든 것을 접고 1년간 떠난 남미여행에서 만난 '엠파나다'의 맛을 잊지 못해 푸드트럭을 차린 사장도 있다.

이번에는 여의도 밤도깨비 야시장에서 만난 사장들의 이야기를 하려고 한다. 그들의 이야기를 따라가다 보면 '나만의 스토리'는 무엇일까?'라는 생각을 해 볼 수 있을 것이다.

방황과 고민은 사치가 아니다!

– 감성 바 '모히토'를 운영하는 김진섭 씨

"와! 여기는 바야!"

지나가던 손님들이 잠시 발걸음을 멈추고 사진을 찍는다.

바텐더 뒤에 있는 3단 수납장에 꽂힌 수백 장의 CD와 머리 위에서 돌아가는 은은한 은색 미러볼, 차에 내장된 대형 스피커, 손님에게 건네는 빛깔 고운 칵테일, 길에 퍼지는 감미로운 팝 블루스. '모히토'는 SNS에 가장 많이 올라오는 '예쁜 푸드트럭' 중 한 대고, 국내 푸드트럭 제1세대 중 한 대다. 가수 박수진 씨가 진행하는 '테이

문화와 감성을 파는 감성 바 '모히토'

스티 로드'에서 '송도에서 꼭 가봐야 할 곳'으로 TV 촬영을 하기도
했다.

이곳을 운영하는 김진섭 씨(32)는 20세에는 인천 주안에 있는 분
위기 좋은 카페의 단골손님이었지만, 2년 후에는 카페 사장을 도와
그곳에서 일했다. 거기서 그는 '음료'를 파는 카페가 아닌 '문화와
감성'을 파는 카페를 구상했다.

그는 사업을 물려주겠다는 카페 사장의 제안을 거절하고 푸드트
럭 창업을 결심했다. 그게 2013년이었으니 벌써 4년 전의 일이다.
미국에서는 '푸드트럭' 이야기가 나오고 있던 시절이었지만, 국내에
서는 아직 구체적인 정보가 없어서 그는 혼자서 책을 보고 연구해

푸드트럭을 만들었다.

그의 진짜 꿈은 '책 쓰고 강연하는 것'이다. 그는 사람들을 만나 삶에 대해 이야기를 나누고 싶어 한다. 전국일주를 하면서 사람들을 만나는 '감성 여행'을 한다면 하나의 스토리가 될 것 같았고 그런 이야기로 책을 쓰고 강연을 할 수 있겠다는 생각이 들었다.

그러나 그의 꿈은 첫 출발부터 어긋났다. 푸드트럭을 몰고 처음으로 도착한 곳은 운치 있는 태안 앞바다였는데, 차량 세팅을 마치자마자 지역 상인들이 와서 항의했다.

"저 장사 안 할 겁니다. 그냥 사람들과 이야기만 하다 갈게요."

상인들은 끝내 그가 장사하는 것을 허락하지 않았다. 그러다 찾게 된 곳이 인천 송도 센트럴파크공원이었는데, 당시에는 공원 개발 전이어서 공원을 찾는 사람들이 하루 평균 서너 명에 불과했다. 하지만 그는 손님들과 긴 이야기를 하면서 함께 고민을 나누었고, 그것으로 만족했다.

몇 달이 흐르자, SNS를 통해 입소문이 나기 시작했고, 많은 사람들이 그를 찾아주었다. 그는 요즘 사람들이 음악을 즐길 여유가 없는 것이 안타까웠다. 그래서 매주 금요일 송도에서 'Song 밤' 공연을 하기로 결정했다. 그의 차에는 버스킹 공연을 할 수 있는 시설이 있는데, 그날은 장사를 하지 않고 공연만 했다. 작년에 이렇게 공연하느라 빚을 지기도 했다. 송도에서는 가수 김조한 씨가, 여의도 밤도깨비 야시장에서는 가수 김태우 씨가 그의 푸드트럭 앞에서 공연했다. 그는 이렇게 말한다.

"푸드트럭은 음식만 파는 곳이 아닙니다. '문화'를 파는 곳이 되어야 합니다."

그와 인사하고 헤어져서 돌아오는 길에 그가 인터뷰를 시작할 때 꺼냈던 철학적인 말이 계속 머릿속에 떠올랐다.

"요즘 사람들은 방황과 고민을 사치라고 생각합니다. 하지만 저는 그렇지 않다고 생각합니다."

그가 담금질한 '방황과 고민'의 세월 때문일까? 사람들은 그의 푸드트럭 카페 앞을 지나다가 문득 영혼의 위로를 받는다.

푸드트럭을 하기 위해 한국에 온 미국인 셰프
– '제이 프레시'를 운영하는 티모시 포레스트 씨

여의도 밤도깨비 야시장을 구경하다 보면 '셰프 출신', '유학 시절'이라는 말이 유난히 눈에 잘 띈다. 그만큼 이곳에는 실력 있는 요리사들이 많이 모였다는 의미이다. 그 중 여의도 밤도깨비 야시장에서 유일한 외국인 셰프 출신 사장을 만나 보았다.

세계 3대 요리학교인 CIA를 졸업하고 국내외 유명 호텔과 레스토랑 셰프 출신 티모시 포레스트 씨(33)가 '제이 프레시'에서 만드는 음식은 멕시코요리 타코와 브리토다. 그는 미국 호텔에서 일하

세계 3대 요리학교 CIA 출신 미국인 셰프가 운영하는 '제이 프레시'

다 만난 전민영 씨(30)와 장거리 연애 끝에 3년 전 결혼했는데, 이
전부터 한국에서 푸드트럭 사업을 해 보고 싶었다.

"호텔이나 레스토랑에서는 비싼 요리를 해서 비싼 돈을 받았습
니다. 셰프 마음대로 메뉴 선택도 하지 못하죠. 하지만 푸드트럭에
서는 제가 하고 싶은 다양한 요리를 저렴한 값에 손님에게 제공할
수 있어서 좋습니다."

한국에 오면서 일하게 된 이태원 레스토랑도 콘셉트가 '푸드트럭,
길거리 음식'이었다. 그가 처음 한국에 왔을 때는 푸드트럭이 불법
이었만, 푸드트럭이 합법화되면서 그는 국내 합법 푸드트럭 창업 제
1세대가 되었다. 아내 전민영 씨는 이렇게 남편 자랑을 했다.

"이 사람은 요리를 정말 잘해요. 항상 수첩을 가지고 다니면서 요리 아이디어를 적기 때문에 요리 레시피 아이디어가 많아요. 요즘에는 오픈하는 식당이나 기업 행사할 때 컨설팅 의뢰가 많이 들어옵니다. 저도 셰프지만, 많은 사람들에게 맛있고 좋은 요리를 맛보이고 싶다는 남편의 요리 철학은 제가 봐도 멋져요."

행복이 뚝뚝 묻어나는 신혼부부 셰프가 해 주는 요리, 그 요리를 먹으면 먹는 사람까지도 행복해질 것 같다.

국내 길거리 스테이크의 원조
– '프로그릴러'를 운영하는 장덕영 씨

'국내 최초 윙바디로 제작한 푸드트럭 & 국내 길거리 스테이크 원조 푸드트럭'

이런 이력을 가진 장덕영 씨는 겨우 25세의 청년이다. 그가 요리하는 조리대 뒤로 조리사 자격증만 일곱 개이고, '한국 국제 요리 경연대회 상장'이 장식되어 있다. 이것은 결코 만만치 않은 내공이다.

그는 어릴 때부터 요리를 즐겼기 때문에 자연스럽게 외식조리학과에 진학했다. 그는 요리를 하고 싶어서 유명 패밀리 레스토랑 주방에서 1년을 일해 보았지만, 그가 상상하던 주방의 모습과 달랐다. 수프 담당인 사람이 한 달 내내 수프만 끓이는 모습에 회의를 느껴

우리나라 길거리 스테이크 원조, '프로그릴러'

23세에 커피트럭으로 창업했다. 1년간 장사를 해 보았지만, 경쟁자가 많아 장사는 잘 되지 않았다.

제대 후 메뉴 개발 영감을 얻기 위해 여러 나라를 여행했는데, 대만 야시장의 길거리에서 '큐브 스테이크'를 파는 것을 보았다.

'우리나라에서는 길거리에서 스테이크를 판다는 게 말이 안 되는데.'

이렇게 생각하면서 고개를 저었지만, 줄 선 사람들을 보니 모두 한국인이었다. 그때 감이 왔다.

'역시 한국인들은 고기를 좋아하는구나! 이걸 팔아야겠다.'

그는 한국으로 돌아와서 아버지와 함께 드럼통을 잘라 차 몸체에 장식을 하면서 푸드트럭을 꾸몄다. 그리고 그는 길거리 음식 최초로 스테이크를 팔았다. 6개월이 지나자, 국내에도 슬슬 스테이크를 파는 푸드트럭과 노점들이 생기기 시작했다. 결국 그가 길거리 스테이크 붐의 원조인 셈이다. 현재 그가 팔고 있는 메뉴는 '등갈비 요리'다.

"제가 푸드트럭 이름을 '○○ 스테이크'라고 하지 않고, '프로그릴러'라고 한 것은 이곳에서 시즌별로 새로운 메뉴를 선보이고 싶기 때문입니다. 상반기에는 스테이크를, 하반기에는 등갈비를 팔았는데, 다음에도 신메뉴를 개발할 예정입니다."

여의도 밤도깨비 야시장에서 '프로그릴러'가 기록한 하루 최고 매출액은 350만 원이었다. 현대백화점 신촌점에도 입점했는데, 메뉴는 '수제 소시지'다.

"다른 사람들은 수제 소시지라고 하고 납품을 받아서 팔지만, 저는 직접 돼지창자에 돼지고기를 갈아서 소시지를 만들거든요."

그가 다음 시즌에 선보일 메뉴가 무척 궁금해진다.

영화 '아메리칸 셰프'를 보고 회사를 그만두다

– '리틀 쿠반'을 운영하는 이재필 씨

푸드트럭을 타고 캘리포니아 해변에 도착한다.

"오늘은 여기 어때?"

칼 캐스퍼는 해변에 푸드트럭을 세우고 쿠바 샌드위치를 만든다.

영화 '아메리칸 셰프'의 한 장면이다. '리틀 쿠반' 사장 이재필 씨 (35)는 바로 이 장면을 본 후 회사에 사표를 쓰고 푸드트럭을 운영한 사람이다.

"왜 그러셨어요?"

대답은 간단했다.

"저도 그렇게 살고 싶었어요."

그는 대학교에서 관광학을 전공했다. 졸업 후 어머니가 일하던 고깃집에서 주방, 서빙, 숯 피우는 일, 고기 자르는 일을 가리지 않고 열심히 일했다. 몇 년 동안 컨벤션이나 회의장 행사 세팅 일도 했는데, 일은 힘들지 않았지만 보람이 없었다. 그러다가 우연히 보게 된 영화 '아메리칸 셰프'는 그의 인생을 흔들어 놓았다.

그는 회사에 사표를 내고 곧바로 메뉴 개발에 들어갔다. 메뉴는 영화에서 보았던 쿠바 샌드위치! 석 달간의 노력 끝에 우리나라에서 구할 수 있는 재료로 쿠바 본토의 맛을 재현하는 데 성공했다. 실제 쿠바 샌드위치에 들어가는 빵은 호밀빵과 쿠바빵인데, 여러 번의 실험 끝에 여성들이 좋아하는 치아바타빵으로 맛을 더했다. 그리고 시행착오를 거쳐 6개월이 지난 후에야 안정적인 맛을 낼 수 있었다.

자유로운 삶을 꿈꾸는 이의 푸드트럭, '리틀 쿠반'

그 맛을 인정받아 2015년 여의도 밤도깨비 야시장을 시범운영할 때도 초청되었다. 혼자 일하기 힘들어질 만큼 장사가 잘 되자, 어머니와 아내가 일을 돕고 있었다. 그에게 물었다.

"실제로 푸드트럭을 해 보니까 어떠세요? 이상과 현실의 차이가 있나요?"

"푸드트럭을 해 보니까 아무 데도 못 가요. 여기에 묶여 있는 삶이랄까요?"

그래도 패티를 굽는 그의 얼굴에는 행복함이 가득 차 보였다. 무모해 보이는 도전과 영화 같은 성공. 이재필 씨는 그야말로 '푸드트럭'을 닮은 사람이다.

24세 초보 청년 사장 VS 64세 할배 사장

– '요리하는 브라더'를 운영하는 김경현 씨

– '할배 추로스'를 운영하는 이경재 씨

여의도 밤도깨비 야시장의 대표적인 공식 꽃미남 두 청년이 퓨전 떡볶이를 판다. 메뉴 이름은 '고추장체다치즈'로, 밥 위에 매운 떡볶이와 크림 떡볶이를 비벼 먹는 메뉴다. 떡볶이를 맛있게 조리해서 팔고 있는 사람은 문혜성 씨(24)고, 손님을 맞이하는 사람은 김경현 씨(26)다. 이 '브라더'는 한국관광대 외식경영학과 선후배 사이로, 두 사람 모두 오래 전부터 한식, 중식, 양식 각 분야의 요리를 해 왔다. 김경현 씨는 3년간 이태리 정통 레스토랑에서 일하기도 했는데, 이태리 레스토랑의 카르보나라 소스를 떡볶이에 결합하여 퓨전 떡볶이를 개발했다.

"제가 외식경영학과에 간 이유는 '경영'을 하기 위해서입니다. '요리'는 '경영'의 한 방편이죠."

그의 눈이 반짝거렸다. 어느 레스토랑 사장님 못지않은 다부진 눈빛이다.

여의도 밤도깨비 야시장에는 이렇게 20대 중반의 어린 사장도 있지만, 60대인 사장님도 있다. 이경재 씨가 바로 그 주인공으로, 요리 경력만 40년인 셰프다. 한식, 중식, 양식 모든 분야의 레스토랑

20대 중반 선후배 셰프 두 명이 운영하는, '요리하는 브라더'

에서 일한 경험이 있고, 서울대 교수회관에서 근무하다가 60세에 정년퇴직했다.

아직도 일할 수 있고 젊은데 은퇴를 하니 울적했다. 또한 평생 일하던 조리실을 떠난다는 것도 섭섭했다. 그러던 차에 딸이 추로스를 만드는 푸드트럭 창업을 권했다. 그는 이전까지 한 번도 추로스를 만들어 본 적이 없었다. 그러나 튀김요리를 오래 했기 때문에 관록을 속일 수는 없는 법. 뚝딱 만든 추로스를 먹어본 딸이 고개를 끄덕였고, 주변 사람들도 모두 맛있다고 칭찬했다. 자신감을 얻어 내친 김에 재료 숙성법도 개발했다. 수많은 추로스와 경쟁해서 입점할 수 있었던 것도 바로 40년간의 경험에서 나온 저력이 아닐까?

40년 경력 베테랑 셰프가 운영하는, '할배 추로스'

이경재 씨는 오늘도 일할 수 있어서 무척 행복하고 만족스러운 삶을 살고 있다.

새로운 도전을 하고 싶은 청년과 인생의 선배가 창업에 도전하여 장사를 배워가는 곳, 이곳이 바로 여의도 밤도깨비 야시장이다.

'푸드트럭'하면 생각나는 단어가 있다.
방랑, 자유, 낭만, 젊음, 도전.

여의도 밤도깨비 야시장에서 푸드트럭을 하는 사장들은 이와 같이 서로 다른 사연을 가지고 있다. 그러나 그들과 이야기를 나누다 보면, 공통점을 발견하게 된다. 바로 '길' 위에서 장사를 하는 사람이기 때문에 본인 인생의 '길'에 대해 어느 누구보다도 치열하게 고민하고 있는 사람이라는 것이다.

이제 당신이 그 주인공이 될 차례다.

여의도 밤도깨비 야시장의 하루

　　'오빠손맛' 푸드트럭은 2016년 7월부터 금요일과 토요일, 이렇게 이틀 동안의 매출이 500만 원을 넘기 시작했다. 7월부터 여의도 밤도깨비 야시장 매출과 행사로 벌어들인 매출을 합치면 '오빠손맛' 푸드트럭 한 달 매출은 5,000만 원이다.

　　9월 어느 금요일의 내 생활을 소개하겠다.

　　1년 전 우리 가족은 경기도 부천의 한 주택으로 이사했는데, 1층에 5대의 대형 냉동고와 1대의 냉장고를 구비해 두고 재료를 보관한다. 푸드트럭을 운영하면 재료 보관 창고가 필요하기 때문이다.

　　일주일에 주문하는 닭고기의 분량은 최소 200kg지만, 스케줄이 많을 때면 일주일에 500kg 넘게 주문한다. 이것은 10kg짜리 50박스가 넘는 분량이다. 수요일에는 고기를 해동시킨 후 여의도 밤도깨비 야시장에서 사용할 고기를 버무리고 재우는 데 5시간 정도 걸리고, 그 후 고기를 숙성시킨다.

오전 7시에는 채소를 구입하러 집 근처 재래시장 몇 곳을 방문한다. 지금까지 지켜온 변함없는 원칙 중 하나는 채소는 당일 구매, 당일 소비, 남는 것은 전량 폐기다. 처음 케밥을 메뉴로 선정하고 장사했을 때는 마진이 얼마 되지 않았는데, 내가 장사 준비하는 것을 어머니가 어깨너머로 보시더니 도움을 주셨다. 처음에 나는 장사할 모든 채소를 마트에 가서 구입했지만, 어머니는 나를 앞세우고 재래시장을 다니면서 싱싱한 채소를 고르는 방법을 알려주셨다. 지금도 가끔 어머니는 나 대신 장을 봐 주기도 하시는데, 상인들 사이에서는 깐깐하다고 소문이 나 있다. 어머니는 절대 전화로 주문하지 않고, 시장 몇 곳을 돌아다니면서 최상 품질의 채소만 구입하신다. 양상추, 양배추, 당근, 양파, 토마토, 적상추 등 여러 품목을 사야 하기 때문에 보통 채소를 사는 시간만 3시간 정도 걸린다.

오전 10시, 어머니가 채소 씻는 것을 도와주신다. 처음에는 장사 전날 채소를 씻고 채썰어 두었다. 그랬더니 냉장 보관을 해도 다음 날 저녁에 장사할 때면 채소가 시들시들하고 아삭거리지 않았다. 그래서 집에서는 무조건 세척만 꼼꼼하게 하고, 현장에 가서 채소를 썬다. 처음 '오빠손맛' 푸드트럭에서는 채소를 일일이 손으로 썰었다. 장사 준비를 마치고 장사를 시작할 때면, 채소를 썰었던 나뿐만 아니라 아르바이트생까지 지치기 일쑤였다. 그래서 채를 써는 자동화 기계도 구입했다.

이렇게 하나하나 장사 기술을 익혀나갔다. 어머니가 세척을 도와주시면 나는 다시 한 번 차를 청소하고, 전날 설거지해 두었던 그릇들을 한 번 더 설거지한다. 이 모든 일이 끝나면 푸드트럭에 고기와 채소, 배너와 입간판, 테이블을 넣고, 카펫도 깨끗하게 턴다. 이렇게 준비한 후 잔돈과 카드기를 챙기면 오후 1시 정도 된다.

여의도 밤도깨비 야시장 개장 시간은 6시이지만, 보통 2시 50분까지는 장사하는 장소로 가야 한다. 거기서 출석 체크를 하고, 장사 준비를 하기 위해 짐을 내린다. 아르바이트생들이 3시 30분에 출근하면 나는 외형을 세팅하고, 아르바이트생들은 장사 준비를 한다.

저녁 6시부터 밤 11시까지 케밥을 팔고, 밤 11시가 되면 짐을 정리한다. 차 바닥을 걸레로 닦고 짐을 정리하는데, 이것도 1시간 정도 걸린다. 집으로 돌아와 설거지를 하고, 짐을 내리고, 차를 깔끔하게 청소하고, 뒷정리를 한 후 블로그 정리까지 끝내면 새벽 3시가 훌쩍 넘는다. 직원들과 회식하는 날이면 취침 시간은 더 늦어지만 아침 7시에는 장사 준비를 하기 위해 일어난다.

행사까지 겹치는 날에는 1시간만 자는 날도 많고, 하루에 1,700인분의 케밥을 준비해야 할 때도 있다. 실제로 9월 한 달간 금요일과 토요일에 세 개씩 행사가 있던 날이 많았는데, 이 경우 시장은 어머니가 봐 주시고, 나는 잠을 줄이면서 일했다.

보통 매장의 경우는 '매장을 정리하고', '장사하고', '끝나면 청소하는' 3단계로 장사를 하면 된다. 하지만 푸드트럭을 하려면 매장에 비해 장사의 앞뒤에 두세 단계씩 더 있다. 그래서 여의도 밤도깨비 야시장 푸드트럭의 영업 시간은 오후 6시부터 밤 11시까지로 총 5시간이지만, 장사 준비 및 뒤처리 시간까지 합치면 오전 7시부터 새벽 3시까지다.

이렇게 자세히 나의 하루 일정을 소개하는 이유는 '맛과 품질에 항상 기본을 지키려고 하는' 나만의 노력을 보여주고 싶어서다. 9월 한 달간 1~2시간밖에 못 잔 날이 많았고, 딱 이틀을 쉬었다. 누가 시켜서 하는 일이라면 이렇게 할 수 없었을 것이고 모두 내가 좋아서 하는 일이다. 이것에 대한 보상은 바로 매출 5,000만 원과 보람이다.

위생? 세금? 문화!
푸드트럭이 나아갈 길

장사를 하다 보면 손님들에게 이런 질문을 종종 받는다.

"이 식품은 믿고 먹을 수 있는 거예요?"

"세금은 내고 장사하나요?"

그러면 친절히 응수해 드린다.

"그렇습니다. 고객님! 믿을 수 있고, 세금도 냅니다."

길거리 음식은 위생 관리가 안 된다는 점과 현금 장사여서 세금을 안 낸다는 점이 문제다. 이 문제를 해결하기 위해 정부와 지차제가 고심하여 만든 것이 '합법적 푸드트럭 존'이다.

위생 문제

우선 점주는 보건증을 받아야 푸드트럭을 운영할 수 있고, 위생 교육을 받아야 영업허가증이 나온다. 나의 경우 채소는 무조건 당일 구입을 고집하고, 남는 고기와 채소는 무조건 버린다. 계산한 손으로 음식을 제공하지 않도록 계산만 하는 친구도 따로 두었다.

'오빠손맛' 푸드트럭은 2016년 9월 중순, '여의도 밤도깨비 야시장 인기 푸드트럭 기획전' 행사로 일주일간 현대백화점 판교점에 특별 입점했다. 이곳을 시작으로 지금까지 여러 유명 백화점에 입점했지만, 맨 처음 백화점을 들어가기 위한 과정은 무척 까다로웠다. 처음 시식회 때는 집에서 미리 조리된 음식을 가지고 오라고 했다. '케밥을 집에서 조리해 가면 눅눅해질 텐데.'라고 걱정하면서 조리된 케밥을 가지고 백화점으로 갔다. 케밥에 들어가는 모든 재료와 소스에 대한 검사도 했다. 다행히 우리 케밥은 단 한 번에 위생과 안전 부문을 모두 통과했다. 그 외에도 오전에 전화해서 오후까지 서류를 가져오라는 경우가 있어서 장사하는 도중에도 뛰어나가 서류를 준비해 보내기도 했다.

보통 푸드트럭의 경우에는 '휴게음식점 영업허가증'을 발급받는다. 하지만 백화점에 입점하려면 '즉석판매제조가공업 영업허가증'을 별도로 발급받아야 하고 그에 맞는 교육도 모두 들어야 한다. 그런가 하면 보건증이 나오는 데 일주일이 걸리는데도 일하는 모든

2016년 9월, 현대백화점 판교점에 특별 입점했다. 이후 전국의 여러 유명 백화점에 입점했다.

직원들이 보건증을 가지고 있어야 한다고 입점 이틀 전에 알려주기도 했다. 입점 전날에는 기존 입점 업체가 장사가 끝나기를 기다렸다가 백화점 장사 준비를 2시간 안에 마치고 나오기도 했다. 한 대의 엘리베이터를 수십 개의 매장 사람들이 사용하느라 전쟁을 치르기도 했다.

'백화점 입점'은 그야말로 '새로운 도전' 그 자체였다. 게다가 대학 축제 행사가 몰린 9월에 입점하게 되어 진행하는 것이 쉽지만은 않았다. 그러나 이렇게 까다롭고 어려운 백화점에 들어가려는 이유는 푸드트럭 음식이 '백화점에서도 팔리고 인정받는 위생적인 음식'이라는 것을 보여주기 위해서다.

세금 문제

여의도 밤도깨비 야시장에서는 매일 매출을 보고한다. 여의도 밤도깨비 야시장 손님의 70%는 카드로 결제한다.

백화점에 입점하는 경우는 중앙 계산대에서 계산하기 때문에 매출이 바로 잡힌다. 내가 행사를 진행하는 관공서, 기업체에서도 대금은 카드로 결제하고, 세금계산서도 발행한다. 이들 기관에서는 나와 한 거래가 회계 자료에 남아야 하기 때문에 철저히 기록에 남긴다. 관계자들이 요구하는 서류도 즉시 발급해 주고, 다른 행사에서 장사할 때도 현금으로 결제하는 경우는 거의 없다. 즉 푸드트럭도 이제는 길에서 길거리 음식을 만들어 파는 일이 아니라 '사업'이라고 생각해야 한다. 과연 사업자 등록증, 카드 결제, 세금계산서 발행을 피하고 사업을 할 수 있을까?

이제 푸드트럭 합법화의 길이 열렸다. 나는 국가에서 이렇게 합법적으로 돈을 벌 수 있게 해 주는 만큼 세금을 성실히 납부할 것이다. 푸드트럭을 운영하는 사장들도 매출을 감추려고 하지 말고 지킬 것은 지켜야 당당하게 자기 목소리를 낼 수 있다. 기본은 지켜야 한다.

문화

요즘은 기존 상권을 살리기 위해 푸드트럭을 동원하기도 한다. 여기서 푸드트럭이 참여할 때 플리 마켓, 인디밴드, 디제이까지 팀 단위로 함께 간다는 점이 중요하다. 푸드트럭 팀이 가면 사람들이 축제 분위기 때문에 몰려온다. 실제로 서울의 한 상권에서 실험한 결과, 기존 상권의 매출이 세 배로 뛰었다고 한다.

앞으로 전국 중심 상권과 이런 협력도 가능하지 않을까 생각해 본다. 그것이 진정한 상생이 아닐까?

나도 대학축제를 기획할 때 푸드트럭팀, 플리 마켓팀, 버스킹팀을 함께 꾸민다. 이렇게 세 팀이 만나면 시너지 효과가 난다. 푸드트럭 문화가 사람들이 즐길 수 있는 즐거운 문화가 되는 것이다. 바로 이 것이 푸드트럭을 하는 우리가 만들어가야 할 문화이다.

영업신고 제도 개선 필요

푸드트럭 사업을 할 때 영업 신고와 폐업 신고를 수시로 해야 한 다는 점이 가장 힘들다. 그런데 2016년 9월 30일부터 영업신고 제 도가 개선되었다. 기존과 달라진 점은 한 곳에서 영업허가증을 받 아 영업을 하고 있으면 다른 지역 영업 시 수수료 없이 신규 영업장

2016 서울 크리스마스 마켓 행사 버스킹 공연 모습. 푸드트럭, 플리 마켓, 버스킷을 함께 기획하면 시너지 효과가 난다.

소 계약 관련서류만 제출하면 영업허가를 해 준다는 점이다. 이 경우 '민원24'에서 온라인으로 신고할 수 있다.

하지만 이 제도도 맹점이 있다. 개선된 제도의 혜택을 보려면 한 장소에서 영업허가를 받은 상태여야 한다. 정부는 한 곳에 영업신고를 한 적 있는 푸드트럭에 대해서는 타 지역 영업신고 시 수수료를 면제해 주고, 푸드트럭의 위생과 안전을 검증할 다른 대책을 세워야 할 것이다.

손님은 나의 활력소다

푸드트럭은 장사를 하는 곳이어서 자연스럽게 많은 고객들을 만나는데, 가까운 지인이 물었다.

"진상 고객은 없어?"

나는 고개를 갸웃한다. 내게는 주로 자양강장제 같은 손님들이 많기 때문에 나는 운이 매우 좋은 편이다. 장사를 하다 보면 늘 찾아와 주는 고객이 무척 감사하다. 또한 앞으로 더 성실히 장사해야겠다고 다짐도 하게 된다.

이전에 라보 스낵카 시절, 그때 자기가 다니는 대학교 총학생회에 나를 추천하여 대학축제나 체육대회 때 초청해 준 손님도 있다. 덕분에 3년째 그 학교축제와 체육대회에 참여할 수 있었다. 그리고 같은 학교를 3년째 가다 보면 나를 알아보고 반가워하는 학생들이 있는데, 이때는 정말 기분이 좋다.

　지금도 여의도 밤도깨비 야시장에 자주 찾아오는 단골손님들이
있고, 학교축제나 기업 행사에서 만났는데 일부러 여의도 밤도깨비
야시장까지 찾아오는 손님들도 있다. 그러던 어느 날, 한 여자 손님
이 나를 빤히 쳐다보며 물었다.

“저 모르시겠어요?”

생각이 날 듯 말듯하다.

“안산이요.”

“아!”

얼굴이 기억이 났다. 나는 다른 행사를 나갈 때도 항상 여의도
밤도깨비 야시장 홍보를 하는데, 그것을 기억하고 직접 찾아오면 그
렇게 뿌듯할 수가 없다. 그런 손님에게는 무료로 케밥을 제공한다.
아르바이트생들은 그런 나를 보고 말한다.

“사장님은 정말 아는 사람이 많네요.”

나는 일할 때 함께 일하는 친구들에게 당부한다.

“고기는 아끼지 말고 50% 이상 넣고, 야채도 듬뿍 넣어.”

그래서일까?

“오빠손맛 케밥은 이태원에서 파는 케밥보다 훨씬 커요.”라고 말
하는 고객들이 매우 많다. 함께 일하는 친구들과 회식을 하면 나는
이런 말을 가장 많이 한다.

“손님들은 자기가 낸 가격보다 세 배의 만족을 느껴야 한다. 낸
돈에 비해서 크기가 작다고 여기거나, 고기가 적게 들어갔다고 느

끼거나, 식은 음식을 받으면 다시는 안 온다. 절대 돈 아깝다고 느껴지지 않게 케밥을 만들자."

또한 손님에게 정중하게 응대하도록 교육한다.

"안녕하세요?"

"다른 거 많이 드셨어요?"

이렇게 말을 건네지만 다음 말은 '감사합니다.'처럼 '다'나 '까'로 끝나게 하는 경우가 많다. 별거 아닌 것 같지만 예의바르게 보이고 싶어서이고, 실제로 고객들을 존중하는 마음 때문이다.

밤도깨비 야시장에서는 손님들이 보통 30분 이상 대기하는 경우가 많다. 200~300m씩 줄 서 있는 경우도 흔하다. 그래서 여의도 밤도깨비 야시장이나 행사장에 들어가는 푸드트럭은 '스피드'가 가장 중요하고, 팀워크와 요령도 중요하다. 아무리 인기가 많고, 객단가가 높은 메뉴라도 음식이 나오는 시간이 너무 오래 걸리면 안 된다.

우리 푸드트럭은 푸드트럭의 위에서 5~7명이 함께 일하고 한 명은 푸드트럭의 아래에서 계산만 한다. 그래서 나는 계산하는 친구에게 당부한다.

"손님이 몇 명인지 세어보고 몇 명이나 기다리는지 체크해 봐."

나는 최대한 서둘러 100명 정도 서 있어도 30분 이내에 케밥을 받을 수 있게 한다. 간혹 줄이 길어져서 30분 이상 기다리는 고객에게는 재료를 더 많이 넣거나 케밥을 하나 더 제공한다. 밤도깨비 야시장에 오는 사람들은 나들이 겸 축제 분위기를 즐기러 오기 때문인지 친절한 손님들이 많다.

"젊은 사람들이 이렇게 일하는 거 보기 좋다."면서 격려해 주는 어르신들도 많은데, 항상 감사하게 생각하고 있다. 여의도 밤도깨비 야시장에는 아이들과 함께 오는 고객들도 많다.

"아기 먹을 거니까 매운 거 빼 주세요." 하고 요청하는 손님들이 간혹 있는데, 이럴 때 아르바이트생들은 우왕좌왕한다. 매운 소스가 들어가지 않으면 덜 맛있기 때문이다. 하지만 나는 최대한 맵지 않게 케밥을 만든다.

장사에서 가장 중요한 것은 '고객이 원하는 것을 캐치하고 들어주는 일'이다. 요구하는 것 중에서 불가능한 것은 없다.

고객이 맵다면 매운 것이다. 그리고 케밥 케이터링 주문이 들어오면 고객의 입맛에 맞게 요리한다. 케밥의 조리법은 700가지가 넘지만, 케이터링 주문을 받을 때는 메뉴 수나 맛을 최대한 고객의 취향에 맞추고 있다.

나는 오늘도 나를 찾아주는 고마운 고객들을 위해 푸드트럭을 몬다.

함께 일하는 사람도 소중하다

비가 오면 여의도 밤도깨비 야시장은 아예 폐장한다. 가장 난감할 때는 아침부터 비가 올 듯 말듯할 때다. 한참 장사 준비를 하던 2016년 8월 어느 토요일, 비가 부슬부슬 내렸다가 그치기를 반복했다. 기상청에서는 서울에 비가 오지 않는다고 예보했지만, 구름 상태가 심상치 않았다. 장사 준비를 다 끝낸 사장들은 초조하게 하늘만 바라보았다. 비가 계속 내려서 폐장을 하면 손해가 이만저만이 아니다. 나는 채소, 고기를 준비해 놓고 장사 준비를 마쳤다.

주최측에서 오후 5시 30분까지 기다려 보자고 했다. 그러나 하늘도 무심하게 빗줄기가 점점 거세졌다. 모든 푸드트럭 사장들은 장사를 접기로 하고 쓸쓸하게 돌아섰다. 일하러 온 아르바이트생 수백 명이 일당 대신 교통비만 받고 집으로 돌아갔다. 우리 트럭에도 다섯 명의 아르바이트생이 일하러 나왔는데, 재료도 전량 폐기해야 하고, 마이너스 매출인 상황이었다.

"밥이나 먹으러 가자!"

나는 그날 아르바이트생들을 그냥 돌려보내지 않고 회식을 했다. 지인이 여의도에서 운영하는 초밥집에서 식사를 하고, 곱창을 먹으러 가서 아르바이트생의 이야기를 많이 들었다. 케밥을 만들다 보면 신발에 기름이 튀어 쉽게 더러워지기 때문에 직원들에게 신발도 사 주었다. 그리고 집에 갈 때 택시비뿐만 아니라 그날 하루치 일당을 모두 주었다.

다음날 여의도 밤도깨비 야시장에 가자, 그 소문이 퍼졌는지 주변 사장들이 '아르바이트생들에게 잘해 줄 필요 없다. 아르바이트는 아르바이트일 뿐!'이라며 나에게 싫은 소리를 했다. 하지만 나는 그렇게 생각하지 않았다. 이곳이 일반 매장이었다면 비가 내려서 장사를 못 해도 일하러 나온 아르바이트생들은 일하고 돈을 받았을 것이다.

"너는 뭐가 남느냐?"면서 주변 사장들이 아무리 핀잔을 주어도 나에게는 함께 일하는 이들이 소중하다. 아직은 회사를 차린 게 아니기 때문에 정식 직원을 두고 일하는 것은 아니다. 그러나 혼자서 할 수 없는 게 사업이어서 누군가의 도움을 받아야 한다. 처음에는 친구들이 많이 도와주었지만, 나중에는 SNS나 블로그를 보고 찾아온 친구들과 함께 일하고 있다.

보통 푸드트럭은 혼자 장사를 한다. 그러나 여의도 밤도깨비 야시장처럼 대규모 행사를 장기간 진행해야 하는 경우에는 아르바이트생을 고용해야 한다. 나는 여의도 밤도깨비 야시장에서 보통 5~7명이 함께 일한다. 이 멤버는 큰 변동이 없고, 혹시 자신에게 일이 생기면 자기 친구들을 불러주기 때문에 급하게 일손이 펑크난 적은 없다. 8~10월처럼 행사가 몰려 있는 경우에도 스케줄을 공유하여 아르바이트생들과 함께 일을 한다. 함께 일하는 사람들이 갑자기 바뀌거나 펑크가 나면 매출에 지장을 받는 것을 종종 보았다. 그래서 안정적으로 함께 일할 사람들을 구하는 것도 장사를 잘 하는 데 매우 중요하다.

나는 웬만한 잡다한 일은 내가 하려고 노력한다. 이전에 아르바이트를 하던 시절, 나중에 사업을 하게 되면 꼭 지키고 싶은 몇 가지 규칙이 있었다.

첫째, 직원들에게 '일'을 시키지, '잡일'을 시키지 않는다.

그들은 학비나 용돈을 벌러 '일'을 하러 오는 사람들이지, '잡일'을 하러 온 사람들이 아니다. 우선 모든 재료는 내가 준비한다. 하루에 행사가 두세 개씩 잡힌 날은 재료를 사고 다듬는 시간이 그만큼 오래 걸린다. 그럴 때면 아르바이트생들 중에서 같이 준비하겠다는 친구들이 있는데, 그냥 내가 한다. 정말 바쁠 때는 어머니가 장보기를 도와주신다.

푸드트럭에서 짐을 내리고 장사 준비를 하는 일도 1시간 정도 걸리는데, 이것도 내가 한다. 야시장의 경우 장사가 밤 11시에 끝나는데, 바닥에 있는 기름을 닦고 물건을 정리하는 일은 정말 고될 뿐만 아니라 하기 힘든 일이다. 하지만 이 일도 내가 한다. 아르바이트생들은 일을 도와주기 위해 출근만 했을 뿐이지, 더러운 일을 대신하기 위해 출근한 게 아니라고 생각하기 때문이다.

둘째, 직원들이 '일'하러 와서 돈을 쓰게 하지 않는다.

백화점에서 일하는 경우 아르바이트비 외에 식대까지 지불하면서도 함께 입점한 다른 매장에서 음식을 얻어와 아르바이트생들을 챙겨주기도 했다. 돈 벌러 와서 백화점의 비싼 음식을 사 먹는 것이 안 됐기 때문이다. 나도 이전에 아르바이트하던 시절에는 돈을 아끼려고 컵라면을 먹었는데, 그때 '돈 벌러 와서 몸 버리는구나!'라고 생각한 적이 많았다. 일하러 와서 건강까지 해치면 안 된다는 게 내 생각이다.

나는 함께 일하는 사람들에게 엄격한 편이다. 어느 날 손님들이 300m 정도나 길게 줄서 있었는데, 케밥을 포장할 때 고기가 살짝 설익은 게 보였다. 아마 고기 굽는 직원이 마음이 급해서였겠지만, 나는 그 케밥을 쓰레기통에 버리고 직원에게 싫은 소리를 했다.

"이거 손님이 먹을 수 있겠어? 손님들이 지금 1시간 넘게 기다리고 있잖아. 이걸 먹고 탈이라도 나봐. 기분이 좋겠어?"

아무리 생각해도 내가 생각하는 장사의 기본은 '기본을 지키는 것', '정직한 것'이다. 이런 생각으로 직원들을 나무라면 나도 기분이 좋지 않다. 그래서 금요일과 토요일 장사가 끝나면 자주 회식을 하면서 직원들의 이야기를 듣고 서로 마음을 나눈다. 장사할 때 나는 말을 엄하고 단호하게 하는 편이다. 그러나 회식을 하면서 내 진심을 이야기해 주고, 직원들 각자의 이야기를 많이 듣는다. 회식을 안 하는 날은 정해진 임금 외에 몇만 원씩 더 챙겨주기도 한다. 회식을 하고 난 후에는 일하러 와서 돈 쓰게 하고 싶지는 않기 때문에 반드시 택시비를 준다.

"사장님을 보니까 무조건 취업만 할 게 아니라 장사를 해도 되겠어요."

대학생 아르바이트생들이 나에게 자주 하는 이야기다.

'창업하기 위해 고용하는 것이 아니라 고용하기 위해 창업한다'는 말을 창업 박람회에서 들은 적이 있다. 어느새 내가 사람을 고용해야 하는 위치까지 온 것이다. 앞으로 더 많은 청년들을 더 좋은 조건으로 고용하는 사람이 되기 위해 오늘도 나는 열심히 케밥을 굽는다.

Part 4

살벌한 쪽박 행사 & 달콤한 대박 행사

길 위에서 도전하는 뜨거운 청춘 이야기

대학행사 푸드트럭은
내가 원조!

라보 스낵카를 끌고 다니면서 가족과 동네 사람들, 경비아저씨에게서 무시당하던 때의 이야기이다. 집 근처에 있는 숭실대학교에서 축제하는 것을 보았는데, 그 시절에는 푸드트럭이 대학교에 들어가서 장사를 하기가 어려웠다. 하지만 나는 라보를 끌고 숭실대학교로 들어가기로 했다. 대학축제는 처음 하는 시도였지만, 장사꾼이 못 갈 데가 어디 있나 싶었다. 숭실대가 집 근처여서 고등학교 때 동네친구들이 나를 도와주러 왔는데, 친구들이 나와 내 차를 보며 한껏 비웃었다.

"창피하게 여기서 뭐 하는 거야?"

그런데 장사가 너무 잘 됐다! 저녁 7시부터 밤 11시까지 장사를 했는데, 이날 매출이 무려 170만 원이었다. 더운 트럭 안에서 케밥을 팔면 사람이 좀 불쌍해 보이지만, 당시 칵테일을 팔 때는 뒤에 LED 조명을 번쩍거리게 달아 놓아서 조명 효과도 있었던 모양이다. 이것도 내가 혼자 제작했다. 그런데 한 여학생이 와서 계속 말을 걸었다.

"몇 살이세요?"

"손님은 몇 살이세요?"

"저 24살이요."

그녀는 나랑 동갑인 24세였다. 나는 동갑이라고 말하지 않고 두 살 올려서 26세라고 했다. 그 여학생은 세 번 혼자 와서 음료수를 마시더니 친구들을 하나둘씩 데리고 와서 계속 매출을 올려주었다. 마지막에는 12명의 친구들을 끌고 왔다.

"오빠, 장사 끝나면 함께 놀아요!"

나는 속으로 생각했다.

'오빠 아니다. 그리고 너 좀 무서워.'

내 친구 5명은 너무 기뻐서 흥분의 도가니에 빠졌다. 밤 11시에 장사를 마치고 나는 부랴부랴 집으로 도망쳤다. 솔직히 12명을 데려온 그녀가 좀 무서웠다. 그리고 장사에만 집중하고 싶었다. 집에 와서 깨끗하게 씻고 친구들을 만나러 갔는데, 친구들이 나를 무척 원망했다.

라보 스낵카를 끌고 다닐 때는 동네 주민들과 경비원들이 나를 무시했다. 그러나 이 차를 끌고 장사를 했을 때 나는 여성들에게 여러 차례 대시를 받았다. 아마 사람을 겉모습만 보고 평가하지 않는 영혼이 순수한 사람이기 때문인 것 같다.

회사에 다니고 있던 어느 화요일에 충청도의 한 대학교에서 행사가 잡혔다. 회사에서 칼퇴근하는 경우는 거의 없었지만, 그때는 칼퇴근을 하고 KTX를 탔다. 혼자 일하기 힘들 때는 친구들이 함께 가주었는데, 하루는 형이 도와주었다. 푸드트럭은 다른 사장에게 부탁해서 행사장에 가져다 놓은 상태였다. 그 대학교는 기숙사에서 생활하는 여학생들이 많았는데, 또 무서운 여학생들이 등장했다.

"오빠, 장사가 몇 시에 끝나요?"

"어, 11시쯤?"

"그럼 장사 끝나고 같이 놀아요."

그 이야기를 들은 형과 나는 둘 다 민망했다.

'얘들아, 우리는 둘 다 놀러 온 게 아니라 장사하러 온 거야. 그리고 내일 출근해야 돼.'

간신히 그녀들을 설득해서 보내고 장사를 정리해서 올라오면 새벽 4시 30분이어서 잠깐 자고 다시 출근했다. 보통 대학행사는 1박 2일이므로 다음날도 같은 일정으로 움직였다. 그 여학생들이 전화번호를 달라고 해서 전화번호를 주었는데, 재미있는 것은 그 여학생들이 다음 해에 이렇게 연락했다는 것이다.

"오빠! 올해는 안 와요?"

회사에 다니면서 참여했던 대전대학교 축제. 나는 국내 최초로 대학축제에 푸드트럭을 참여시켰다.

"너희 총학생회에 이야기해주렴."

그 여학생들이 총학생회에 건의해서 다음 해에도 대학축제에 참여할 수 있었다. 나는 그렇게 3년째 그 대학축제에 참여하고 있고, 주변 대학 총학생회에서도 나에게 연락하곤 했다. 그때는 평일에 부산도 내려갔는데, 그렇게 장사하러 가는 것이 재미있어서 장사만 잘 되면 먼 곳이라도 피곤해하지 않고 달려갔다.

내 철칙 중 하나는 '무조건 앞에 잡힌 행사를 먼저 간다'이다. 뒤에 잡힌 일이 가까운 곳에서 열리고, 돈을 더 많이 준다고 해도 무조건 먼저 약속한 행사로 갔다. 나는 그렇게 '신뢰'를 얻었다. 내가 처음으로 푸드트럭팀을 모아 대학교 행사를 기획했던 곳은 2014년

대전대학교였다. 대전대학교 축제를 블로그와 SNS에 올리고 이벤트도 했는데, 결과는 대성공이었다. 이후 아주대학교, 영상대학교 등 지금까지 30곳이 넘는 대학축제의 푸드트럭팀을 기획했다. 내가 알기로 대학축제에 푸드트럭이 들어가게 한 장본인은 바로 나다.

'대학축제 푸드트럭 최초 시도! 제가 원조입니다!'
대학생들 사이에 입소문이 퍼지고 대학 축제 때 학생들을 만나다 보니 다른 일거리도 들어왔다. 바로 총학생회측에서 시험기간 동안 학생들 간식을 케이터링해 달라는 것이었다. 얼마 전에도 내가 푸드트럭 행사를 총기획을 했던 B대학교 총학생회에서 연락이 왔다. 스케줄이 너무 많아 도저히 일정이 안 되었지만, 학생들이 꼭 '오빠손맛'에서 주문해 달라고 했다는 말에 스케줄을 쪼개 B대학교에 다녀왔다. 매우 감사한 일이다. 무서웠던 그녀들 덕분에 3년간 대학축제 행사도 다니게 되다니! 이것도 너무 감사한 일이다.

하루 매출이 850만 원?

푸드트럭은 국가나 지자체에서 지정한 장소에서 장사하거나, 백화점이나 마트 행사, 기업 행사, 대학축제 등에서 초청하면 직접 찾아가서 돈을 번다. 이렇게 행사를 다니다 보면 장사 요령이 생긴다. 어떤 행사는 아주 드물지만 행사비나 기름값 정도는 제공받고 초청하는 곳도 있고, 어떤 행사는 오히려 푸드트럭측에서 입점료를 내고 참가하는 경우도 있다.

대부분은 입점료가 5~30만 원 정도이지만, 국내 유명 페스티벌의 경우는 3일에 입점료 500만 원와 수수료 20%를 내기도 한다. 이 경우에는 리스크가 매우 크기 때문에 기름값을 들여 그 행사장까지 가서 입점료를 내고도 이익이 남을 것인지 잘 계산해야 한다. 즉 행사가 있다고 다 쫓아다닐 것이 아니라 옥석을 가려내야 한다는 말이다. 옥석을 가려내는 방법은 다음과 같다.

첫째, 행사가 들어오면 반드시 현장답사를 한다.

페스티벌에서 초청했다면 직접 행사장에 가서 자리를 살펴본다. 어느 페스티벌에서는 무대 뒤의 외딴 곳에 푸드트럭 존을 설치하기도 한다. 그럴 때는 행사 관계자에게 로열석으로 바꿔달라고 제안해야 한다. 이 제안이 수용되면 장사하러 가고, 그렇지 않으면 아예 행사에 참여하지 않는다.

둘째, 행사마다 조건이 다르면 '불가능은 없다'라는 생각으로 행사에 참여한다.

2016년 10월, 서울시에서 청년 창업 리스페어를 개최하는데 입점이 가능한지 연락을 받았다. 광화문광장이어서 전기 제공이 안 된다고 했지만, 나는 자신 있게 '백화점에서 장사할 때 그릴을 써서 장사했으므로 가능하다.'라는 답을 보냈다. '이걸 안 해 봐서 못 한다. 이 가격이 아니면 안 된다.'처럼 장사가 안 되는 요인을 따지기보다 그동안 다양한 행사를 경험한 것을 바탕으로 '불가능한 것은 없다'라는 자세로 대비하고 있다.

이렇게 3년째 행사를 하다 보니, 다음과 같은 알토란 같은 날도 있었다. 다음은 2016년 9월 어느 월요일의 스케줄이다.

이것은 단 한 대의 푸드트럭으로 만든 매출이다.

•오전 11시 H 교육기관 판매 400인분	200만 원
•오후 2시 C 쇼핑업체 케이터링 500인분	250만 원
•오후 5시 K 아울렛 판매 500인분	250만 원
하루 매출	총 700만 원

9월 어느 토요일의 스케줄은 이렇다.

•킨텍스 박람회	200만 원
•신세계백화점 강남점	200만 원
•FC서울구장 앞	150만 원
•여의도 밤도깨비 야시장	300만 원
하루 매출	총 850만 원

이런 날은 이렇게 외친다.

"더도 덜도 말고 오늘만 같아라!"

10월 어느 수요일의 스케줄은 이렇다.

•N 패션쇼 케이터링	150만 원
•D 보건대 케이터링	200만 원
•청년 창업 리스페어 시청(부스 설치)	150만 원
•뉴코아 광명	100만 원
하루 매출	총 600만 원

2016년 7월 이후에는 행사가 하루에 기본적으로 한 건씩 잡혔고, 많을 때는 네 건도 있었다. FC서울처럼 계약을 맺고 고정적으로 나가는 곳도 있고, 백화점, 전시회, 박람회, 아울렛, 외국인 축제 등 수많은 행사가 잡혀 있다. 푸드트럭이 한 대이기 때문에 케이터링 행사는 갈 수 있지만, 푸드트럭이 꼭 가야 하는 곳에는 행사가 잡혀도 못 가는 경우가 있다. 경기도, 인천, 서울에 있는 여러 아울렛 매장에서 입점을 요청했지만, '안 가고 싶은 게 아니라 못 가는 것이니 다음에 기회가 되면 꼭 불러달라.'고 양해를 구한다. 그러면 기분 나빠하지 않고 나중에 또 불러준다. 트로트 가수 장윤정 씨를 '행사의 여왕'이라고 하는데, 이쯤 되면 누군가가 나를 '행사의 왕자'라고 부를 것이다.

10월 초에 전화 한 통이 걸려왔다.

"네? 1,000명이라고요? 케밥이요?"

2주일 뒤 서울의 한 체육관에서 열리는 외국인 대상 행사에서 외국인들이 케밥을 찾는데, 이것을 해결할 곳이 우리 푸드트럭밖에 없다고 했다. 행사에 참여하는 인원은 3,000명이고, 400인분 정도 케밥을 준비해 달라고 했다. 하지만 판매금을 보장해 주지도 않았고, 입점료로 30만 원을 요구했다. 스케줄을 보니 이미 그날은 다른 행사가 2개나 잡혀 있었기 때문에 손해를 감수하면서까지 굳이 갈 필요가 없어 정중하게 거절했다.

"이미 다른 스케줄이 두 건 있습니다. 그리고 저희는 돈을 내고 입점하는 푸드트럭이 아닙니다."

관계자가 잠깐 회의를 하겠다고 전화를 끊고 잠시 후 다시 연락이 왔다.

"400인분 케밥 판매금을 드리겠습니다. 오셔서 차려주세요. 입점료는 없습니다."

관계자는 결국 나에게 다른 푸드트럭과는 다른 조건을 제시했고, 나는 이 행사를 진행하기로 결정했다.

이 부분이 신규로 푸드트럭을 하는 사람들과 나의 차이일 것이다. 처음 장사하는 사람들은 '을'의 관계이기 때문에 '울며 겨자먹기'로 행사에 참여하는 경우가 많다. 이 경우 수익이 남지 않고 손해를 보더라도 고스란히 그 피해는 푸드트럭 사장이 감수해야 한다. 그러나 나의 경우는 같은 행사여도 유리한 조건으로 간다. 바쁜 푸드트럭 사장들은 이런 행사를 놓치지 않으려고 푸드트럭을 10대까지 운영하면서 행사를 골라서 참여하기도 하고, 누군가는 불리한 조건으로 행사에 참여하게 된다.

왜 이런 차이가 생길까? 그것은 바로 '신뢰'와 '맛' 때문이다. 기존의 성공한 푸드트럭은 이미 '맛'이나 '품질'이 보장되어 있다. 그래서 '갑'인 업체에서도 그런 푸드트럭은 '정중하게' 모셔가지만, 아직 품질이 입증되지 않은 신규 푸드트럭에게는 많은 요구를 하기 마련이다. 결국 인정받을 때까지 이 시기를 잘 견디고 살아남는 수밖에 없다.

음식이 맛있다는 '맛' 소문이 가장 빨리 퍼지는 곳이 있다. 바로 '푸드트럭 사장들' 사이에서다. 함께 팀으로 많이 활동을 해야 하기 때문에 음식맛이 떨어지면 바로 퇴출이다. 가장 기본은 음식의 맛과 품질이다!

그렇다면 행사 4년차인 나에게 실패는 없을까? 결코 그렇지 않다. 내가 좋아하는 김미경 강사가 이런 말을 했다.

"자신만의 실패 창고에 실패 8개가 쌓일 때 멈추면 실패다. 하지만 다른 실패 2개를 더 쌓아 10개를 만들면 그것이 성공이 될 수 있다."

나는 지금까지 부지런히 실패 창고에 실패를 8개, 아니 800개도 넘게 쌓아왔다. 나는 지금도 실패하고 있다. 이제부터 나의 실패 창고를 공개하겠다.

첫 번째 팀 행사의 기억,
이틀간 매출 1만 2,000원

라보 스낵카를 끌고 길거리 장사를 시작한지 7개월째. 함께 노점을 하던 형들은 망하거나 가게를 차려서 내 곁을 떠나갔다. 결국 나만 남게 되니 이런 위기감이 몰려왔다.

'도대체 언제까지 단속 스트레스를 받으며 길거리에서 팔 것인가?'

길거리 장사의 한계를 절실히 느끼던 중 블로그를 검색하다가 우연히 푸드트럭 행사 차 모집 광고를 보았다.

'○○시에서 뮤직 페스티벌을 합니다! 함께 하실 푸드트럭 사장님을 모십니다.'

행사에는 구준엽 DJ KOO, 춘자 등 인기 가수도 참석한다고 했다. 나는 블로그 주인에게 연락해서 함께 행사에 참여하기로 했다. 행사 공연 관계자들이 숙박을 제공해 주는 조건이었다.

나는 무명의 아이돌 가수가 한류스타가 되어 드디어 첫 해외공연을 하게 된 기분이어서 부푼 기대에 들떴다. 솔직히 외로웠기 때문에 누군가와 함께 장사하러 떠난다는 것이 설렜고, 대박이 날 것 같았다. 아니 대박이 아니어도 좋았다. 사람이 외로워지면 이렇게 본질에서 벗어나는 행동을 하기 마련이다. 5시간 운전을 해서 ○○시 행사장에 도착했는데, 첫날부터 보기 좋게 예상을 벗어나기 시작했다. 아직 행사장 공사가 덜 끝나서 행사를 진행할 수 없다는 것이었다. 게다가 행사 관계자는 이렇게 말했다.

"아따, 노느니 뭣항께. 차에 현수막 붙이고 시내 20바퀴씩 돌고 오씨용."

함께 간 열 대의 트럭이 모두 묵묵히 현수막을 붙이고 시내를 돌았다. 시내에는 사람들이 잘 안 돌아다닌다는 것을 그때 알아챘어야 했다. 시민들이 아무도 현수막에 관심이 없다는 것과 뮤직 페스티벌 자체에 관심이 없다는 것을.

행사 둘째 날, 대박의 꿈을 안고 장사 준비를 시작했다. 초대 가수 순서가 되었는데, 무대 앞에는 행사 관계자 몇 명과 동네 아파트 주민 몇 명, 그리고 장사하는 우리가 다였다. 모두 합쳐도 40명이 안 되는 숫자였다. 요란한 조명과 함께 가수 구준엽 DJ KOO가 무대로 올라왔지만, 환호하는 사람은 아무도 없었다. DJ KOO는 당황하는 눈치였지만, 그는 프로 아닌가? 그가 천천히 리듬을 타며 소리를 질렀다.

"우리끼리 신나게 놀아봅시다!"

그의 현란한 디제잉은 고요함 속에 끝났고, 그가 황망히 무대를 떠났다. 다음으로 가수 춘자가 나왔다.

"여기 분위기 굉장히 소소하네요."

그녀도 갔다. 손님들도 갔다. 그렇게 이틀간 매출은 1만 2,000원.

이틀간 도전했던 첫 행사는 그렇게 장렬하게 망했다. 그때 만났던 사장들과 지금도 만나서 그때 이야기를 한다.

"그때 징하게 웃겼어야!"

지금은 모두 그때보다는 많이 성장했으니 웃을 수 있을지도 모른다.

원숭이도 나무에서 떨어진다?
매출 0원!

2016년 8월, 여수의 한 행사에 초청을 받았는데, 중국 여행사 중 업계 2위의 여행사에서 중국 관광객 2만 명이 온다고 했다. 그 정도 관광객이 온다면 판매가 무난할 것으로 보고 행사에 참여하기로 결정했다.

600인분 식재료를 가득 싣고 행사장으로 출발했는데, 하루에 300~400km를 달리는 트럭에 무리가 갔던 것일까? 당진을 막 지나면서 시속 100km로 달리고 있는데, 갑자기 트럭이 한쪽으로 기울었다. '앗' 하는 사이, 순식간에 차가 가드레일을 들이박았다. 다행히 다친 곳은 없었지만 크게 놀랐다. 차에서 내려 살펴보니 운전석쪽 앞바퀴 두 개 중 안쪽 바퀴에 펑크가 났다. 급하게 보험회사에 견인 서비스를 신청했지만, 대형차여서 언제 견인차가 올지 알 수 없다고 했다. 행사는 시작 시간과 종료 시간이 정해져 있어서 제

시간에 도착하지 못하면 남는 식재료는 모두 폐기처분해야 하므로 마음이 급해졌다. 그래서 인근 자동차 정비소를 검색했더니 조금 전에 지나쳤던 휴게소가 나왔다. 휴게소에 연락하니 직원이 아무렇지 않게 말했다.

"비상등 켜고 후진해서 휴게소로 오세요."

나는 갓길에서 2km를 후진해서 휴게소에 갔다. 다시 생각해 보면 정말 아찔한 일이지만, 그때도 이렇게 마음속으로 생각했다.

'내가 이렇게까지 해야 하나?'

그러나 그렇게 했다. 거기서 타이어를 바꾸고 다시 여수로 출발하여 도착했더니 푸드트럭이 10대, 먹거리 부스가 50군데가 넘었다. 나에게 배정된 푸드트럭 자리도 좋지 않았다. 무슨 이유에서인지 중국인들이 우리 푸드트럭은 물론 다른 곳의 푸드트럭에서도 음식을 사먹지 않았다. 결국 그날은 총 매출 0원! 남은 재료는 전량 폐기한 채 서울로 올라와야 했다. 장사를 하다 보면 궂은 날, 맑은 날이 있는 법이니 쓰린 속을 달래며 다음날 장사를 준비했다.

행사의 특성을 예측하지 못해 낭패를 본 적도 있다. 얼마 전 안산시 장애인 체육대회에 초청을 받았는데, 영업 신고를 마친 합법 푸드트럭만 모집했으며, 보건증도 요구했다. 그 전날 대학축제가 있어서 새벽 1시에 집에 도착했기 때문에 취침 중인 동네 시장 사장을 새벽에 깨워서 닭꼬치 500인분의 재료를 받아왔다. 곧바로 집에서 나와 '졸음 쉼터'에서 2시간 동안 잔 후 제부도로 달려갔다. 경기도의 모든 시가 참여하는 행사여서 기대가 컸기 때문에 신나게 50개의 닭꼬치를 미리 초벌구이해 놓았다.

행사가 시작되었다. 하지만 행사장 주변의 손님들은 모두 노인이어서 푸드트럭에는 눈길조차 주지 않았다. 잠시 후 행사장에 밥차가 들어왔고 손님들에게 고급스러운 뷔페식 식사를 제공했다. 그날 결국 매출 6,000원을 기록하고 집으로 올라왔다. 닭꼬치 두 개를 팔고 498개의 닭꼬치를 모두 버렸다. 그 행사장의 주요 고객층 특성을 제대로 파악하지 못 해서 생긴 일이라고 생각하며, 나의 실패 창고에 잘 저장해 두었다.

잊지 못할 경험도 했다. 얼마 전 대한축구협회에 초청되었는데, 협회측은 경기장 앞 불법 노점상 때문에 골치를 앓고 있었다고 했다. 협회측에서는 이 문제를 해결하기 위해 최초로 합법 푸드트럭을 입점시키고 싶다고 하면서 사람들이 많으니 물량을 충분히 준비해 달라고 요구했다. 수수료는 매출의 10%로 정하고 야심차게 닭꼬치 1,000인분을 준비해서 행사에 참여했다. 처음에는 닭꼬치를 사먹는 사람들이 있었지만, 잠시 후 시간이 흐르자 갑자기 수많은 사람들이 밀려들어왔다. 손님이겠거니 했는데, 눈 깜짝할 사이에 천막을 뚝딱 설치했다. 그 많은 사람들이 모두 노점상들이었던 것이다. 협회측에서는 별다른 제재를 하지 못했고 노점상들은 우리의 푸드트럭 바로 앞까지 점거하여 장사를 했다. 닭꼬치 파는 곳이 20곳이 넘었고, 우리 푸드트럭의 앞을 막고 있어서 손님들이 지나다닐 수도 없었다. 결국 그날 매출은 25만 원이었고 그야말로 폭삭 망한 행사였다. 그 축구장 앞의 노점상 문제는 아직도 풀지 못한 숙제로 남았다고 한다.

가장 최근에 겪은 쪽박 행사는 2016년 9월에 있었다. 9월은 대학축제 시즌인데, 그해 나는 10곳에 대학 행사 푸드트럭과 플리 마켓팀을 꾸리는 기획을 하였고, 4곳에 직접 입점하기로 했다. 2015년에 수원 성균관대학교에서 장사가 잘 되었기 때문에 축제 날짜가 겹치는 모든 축제를 뿌리치고 서울 성균관대학교에 입점하기로 결정했다. 서울 성균관대학교의 입점료는 다른 곳보다 비싸서 이틀에 52만 원이었다. 그래서 반드시 많이 팔아야겠다고 다짐하고 칵테일과 음료수를 많이 준비했다.

저녁이 되어 축제가 시작되었지만, 불길하게 부슬부슬 비가 내리기 시작했다. 하필 대학축제 협찬 업체가 주류회사였는데, 우리 트럭의 바로 옆에 자리잡고 주류회사에서 학생들에게 술을 나눠주기 시작했다. 5개의 대학교 중에서 고심하여 고른 곳인데, 어쩐지 시작부터 잘 안 풀린다 싶었다. 옆 자리에 입점한 사장들도 인상을 구기고 있었다.

날이 나빠서인지 학생들도 잘 돌아다니지 않았다. '돗자리 축제'

가 콘셉트였지만 비가 왔기 때문에 무대 앞 잔디밭도 썰렁했다. 결국 그날은 음료수 몇 잔 판 게 전부였다. 바쁠 것 같아서 아르바이트생도 데리고 갔는데, 아르바이트생에게 무대를 보고 오라고 했을 정도로 한가했다. 무대에도 관객이 없어서 가수와 관객 사이가 무척 가까웠다.

스산하고 황량한 축제였다. 내가 기획한 다른 대학축제에 참여한 사장들의 단체 카톡방이 울리기 시작했다.

'오빠, 고마워요! 저 여기서 매출 100 찍었어요.'

'김 사장, 여기 대박이다!'

내가 꾸려준 다른 대학팀들은 대박을 낸 차도 많았지만, 나만 폭삭 망했다.

원숭이도 나무에서 떨어진다.

그것도 자주, 그리고 아주 많이.

열어보기 전에는 알 수 없는
대박 행사

"인생은 박스 안에 든 초콜릿 같은 거야. 열어보기 전에는 무슨 맛인지 모르거든."

영화 '포레스토 검프'의 명대사처럼 뚜껑을 열어보기 전까지 어느 행사가 성공할지 아무도 모른다.

2016년 4월, 평택대학교에서 벚꽃축제를 열고 싶다고 해서 사전 탐방 차 입학처장을 만나러 갔다. 입학처장은 푸드트럭들이 이쪽으로는 잘 안 오려고 한다면서 14대의 푸드트럭을 부탁했다. 그때는 청계천 밤도깨비 야시장을 막 시작하려던 때여서 여러 가지로 부담이 되어 고민이 되었지만, 나를 불러준 게 감사해서 진행하기로 했다. 행사는 수요일부터 일요일까지였고, 나는 주말에만 합류하기로 했다.

행사 첫날, 수요일 저녁이 되었는데, 카톡이 울리기 시작했다.

할로윈 축제에 초청되었다. 푸드트럭을 하면 행사장, 축제의 현장에서 일하게 되어 항상 즐겁다.

'할렐루야! 여기는 기회의 땅입니다!'

'아멘! 이곳은 약속의 땅!'

'완판이다!'

평일에만 장사를 하고, 주말에는 목 좋은 곳에 가려던 사장들이 주말에도 장사하게 해달라고 요청하기 시작했다. 나도 토요일 하루에 케밥 600인분을 팔았다. 준비한 재료가 다 떨어져서 밤 12시 30분에 서울로 올라가 집 근처 채소가게 사장에게 채소를 부탁해서 받고 고기를 준비한 후 새벽에 다시 평택으로 내려가서 장사를 했는데, 다음날도 600인분 완판! 이틀 모두 시작할 때부터 끝날 때까지 줄이 한 번도 끊기지 않았다.

그런데 모두가 잘 될 거라고 예상했던 여의도 벚꽃축제에 참여했던 푸드트럭들은 외딴 곳에 있어서인지 매출이 신통치 않았다. 하지만 내가 진행했던 아주대, 수원대, 평택대 벚꽃축제에서는 대박이 났다.

쪽박 행사인지, 대박 행사인지는 섣불리 판단하면 안 된다.

박스를 열어보기 전까지는 무엇이 들어있는지 모르는 게 인생이고, 행사다. 그래서 장사가 어렵기도 하고, 재미있기도 하다.

뜻밖의 행운은
준비된 자에게만 온다

5월 5일 어린이날은 푸드트럭의 대목날 중 하루다.

2016년 어린이날에 전국 여러 개 행사에 초청되었지만, 나는 '서울 푸드 페스티벌' 행사에 참여하기로 했다. TV조선이 후원하고, 5성급 호텔의 외국인 셰프가 참여하는 행사였으며, 유명한 푸드트럭들이 초청되었다.

푸드트럭 행사가 밤 11시부터여도 행사장의 입점 요청 시간은 그보다 훨씬 이른 경우가 많다. 그날 행사는 차량 통제 문제 때문에 새벽 2시까지 입점해달라고 요청받았다. 5월 5월 새벽 2시, 행사장이 있는 잠수교 반포대교로 갔다. 이곳은 라보 스낵카 시절에 장사를 오래 해서 잘 아는 동네였다. 행사장을 둘러보니 잠수교의 입구는 외국인 셰프들이 요리를 해 주는 곳이고, 푸드트럭 존은 잠수교 정중앙에 위치해 있어서 손님들이 10분 넘게 걸어와야 했다. 나는 차에서 잠깐 자다가 저녁 7시에 일어난 후 다른 푸드트럭 사장과 국밥을 먹었는데, 그 사장이 이렇게 말했다.

"우리는 들러리야. 누가 다리 중간까지 10분 동안 걸어와서 우리 음식을 먹겠어? 더구나 그 앞에서 외국인 셰프들이 요리해 주는데."

"오늘 장사는 망했어. 그냥 재료 버릴 생각으로 장사하자."

장사 준비를 안 하고 푸드트럭 안으로 들어가 자는 사람도 있었다. 아르바이트생 한 명과 함께 간 나도 자포자기한 심정이 되었다. 오랫동안 이 자리에서 장사하면서 이곳의 생리는 내가 가장 잘 안다고 생각했기 때문이다. 그간의 쪽박 행사가 떠오르며 '오늘은 그냥 실패다! 힘 빼지 말자'라는 생각이 들었다. 게다가 전날 행사도 있었기 때문에 몸이 피곤하여 푸드트럭 안에서 쉬면서 게으름을 피웠다.

오픈 시간인 밤 11시가 되었지만, 토마토와 양배추를 썰어놓지도 않았고, 고기도 구워놓지 않았다. 그런데 시간이 조금 지나자 푸드트럭의 앞에 손님들이 줄을 서기 시작했다. 눈 깜짝할 사이에 100명의 손님이 우리 푸드트럭의 앞에 서 있는 것이 아닌가? 다른 푸드트럭도 마찬가지였다.

2명이 장사하면 한 명은 조리하고, 한 명은 음식을 손님에게 건네주어야 했다. 아직 자동으로 야채 써는 기계를 사지 않을 때였는데, 나 혼자 그 많은 채소를 모두 써느라 엄청 고생했다. 결국 그날은 매출이 110만 원이었고, 장사가 끝난 후에는 다른 때보다 훨씬 힘들었다. 110만 원이 적은 매출은 아니지만, 미리 준비만 해 놓았더라면 200만 원이 훨씬 넘는 매출을 올릴 수도 있었을 거라 생각하니 몹시 아쉬웠다.

강원도 양양에서 열린 현대자동차 드라이빙 챌린지 행사장에 초청되었던 일도 있었다. 이곳은 기름값을 20만 원 정도 지원해 주는 행사였고(다시 말하지만 이런 행사는 거의 없다) 10대의 푸드트럭이 장사 준비를 마쳤다. 그런데 행사를 시작하자마자 비가 억수 같이 내리는 것이 아닌가! 게다가 행사 주최측에서 참가자들에게 고급 도시락을 나누어주기 때문에 푸드트럭 사장들이 관계자들에게 거세게 항의를 했다. 결국 장사를 접고 트럭 뒤에서 담배를 피우는 사

Tip | 이런 행사 저런 행사, 해? 말아?

행사는 정말 많고 다양하다. 그중 행사를 잘 선택하는 것이 매출에 직접적으로 영향을 끼친다.
어떤 행사는 할지 말지 고민되는 경우가 있다. 하지만 나라면? 무조건 한다.
안 하고 후회하는 것보다, 하고 나서 후회하는 게 낫다고 생각하기 때문이다.
행사에 참여하지 않았는데 그 행사가 대박 행사였다면? 무척 괴로울 것이다.
행사에 참여했는데 쪽박이 나면? 실패해도 분명히 얻는 게 있을 것이다.

당신에게 찾아온 행사는 과감히 참여해 보자.
대박이 나면 돈을 벌어서 좋고, 실패하더라도 경험을 얻을 수 있어 좋다.

람도 있었다. 나는 양양까지 갔는데, 장사를 잘 하고 오고 싶었다. 그래서 비가 오면 천막을 치고 장사하고, 비가 개면 천막을 걷기를 수차례 했다. 결국 그 행사에 참여했던 트럭 중에서 우리 트럭만 매출을 올릴 수 있었다. 그때 매출이 100만 원 정도였는데, 100만 원 매출의 소중함은 다른 때 300만 원 매출 그 이상 값졌다.

이렇게 '실패 아닌 실패'를 겪고 나니 그 속에서 배우는 것이 있었다. 바로 '기회는 준비하는 자에게만 주어진다'는 사실이었다. 그래서 매사에 초심을 잃지 않으며, 어떤 행사라도 성패를 미리 단정 짓지 않고 성실히 일하기로 결심했다. 원하는 결과를 얻든, 얻지 못하든 나는 오늘도 묵묵히 푸드트럭을 타고 전국을 누비고 있다.

Part 5

푸드트럭 영업 비법 대방출

한 달 최고 매출 5,000만 원 달성

어떤 트럭으로 장사해야 할까?

가성비 갑!

요즘 유행하는 말로, 저렴하면서도 실속 있는 제품이나 음식을 의미한다. 나는 푸드트럭 사업도 가성비가 중요하다고 생각한다. 푸드트럭도, 내가 만들어 파는 음식도 '가성비 갑'이면 '사장 만족, 고객 만족'이다.

푸드트럭을 시작하는 사람들에게는 처음부터 멋지고 근사한 큰 차로 시작하지 말고 조그만 차로 시작하라는 말을 꼭 당부하고 싶다. 500~600만 원 정도 투자해 작은 차를 사서 몇 달 장사해 보거나 차를 임대해서 시작해 볼 것을 권한다. 이렇게 조언하는 이유는 두 가지다.

첫째, 장사를 실제로 해 보아야 푸드트럭 안에서 가장 합리적인 동선을 짤 수 있다.

업체에 맡긴 차로 장사를 하다 보면 아쉬운 부분이 나온다. 그리고 메뉴를 선정해서 장사를 했는데, 장사가 안 된다면 메뉴를 바꿔야 한다. 메뉴를 바꾸면 그 차에 설치한 시설을 철거하고 다시 짜야 하는데, 이때는 돈이 두 배로 든다. 이것은 처음부터 알 수 있는 것이 아니라 몇 달 시행착오를 해 봐야 메뉴에 맞는 시설과 자기에게 편한 동선을 알 수 있다.

둘째, 보기에 좋은 차가 장사하기에 좋은 차는 아니다.

우리 옛말에는 '보기 좋은 떡이 먹기도 좋다'라는 말이 있지만, 푸드트럭은 꼭 그렇지 않다. 뚜껑을 위로 여는 윙바디 푸드트럭은 디자인이 정말 예쁘다. 그러나 장사를 하다가 강풍이라도 불어서 뚜껑이 위에서 떨어지면 손님이 부상을 입을 수 있다. 도로에 나가 장사를 하려고 차의 문을 열면 상가 2층 매장을 가리기 때문에 곧바로 민원이 들어올 수도 있고, 비 오고 바람이 불면 보호막이 없어서 먼지나 모래가 음식에 들어가기도 한다. 게다가 실내로 들어가서 장사를 하려는데, 뚜껑이 천장에 닿아 장사를 못 할 수도 있다. 그리고 이런 차는 원래 상태로 다시 복구시키기가 어렵다. 윙바디 차량은 장사하는 데 도움이 많이 된다. 하지만 윙바디 푸드트럭의 단점에 대해 이야기해 주었으니, 본인이 어디서 장사할지를 결정하고 그곳에 맞는 좋은 차로 결정하면 된다.

차가 볼품없다고 매출이 안 나오는 게 아니다. 다른 아이디어를 적용해 얼마든지 차를 꾸밀 수 있다. 차가 예쁘다고 거리에 나왔을 때 저절로 경쟁력을 갖게 되는 게 아니라는 것을 기억해야 한다.

처음부터 큰돈 들여 시작하지 말고 작은 차로 시작해 시행착오 끝에 차를 마련해라!

푸드트럭 안에서 요리할 때 LPG를 많이 사용한다. 그런데 초보자들이 장사할 때 깜빡 잊는 부분이 바로 가스량을 체크하는 것이다. 나는 어느 지역을 가든지 그 지역에 있는 가스업체의 전화번호를 꼭 알아둔다. 음료수 푸드트럭이라면 그 지역 얼음업체와 미리 연락해 두어야 한다.

'가격'뿐만 아니라 '내가 장사하는 지역까지의 도착 시간', 그리고 '몇 시까지 주문해야 가스나 얼음을 받을 수 있는지' 여부를 꼭 확인하는 것이 중요하다. 간혹 대학축제에 가서 모든 장사 준비를 마쳤는데 가스가 떨어지는 경우가 있다. 이때 가스업체와 미리 연락해 놓지 않으면 애써 준비한 장사를 접고 오는 경우도 있다. 그리고 LPG는 항상 사장이 관리해야 한다. 중간 밸브와 가스통을 잠그는 일은 아르바이트생을 시키지 말고 꼭 사장이 해야 한다. 또한 배관을 연결할 때 가스가 새는지를 꼼꼼하게 확인하고 반드시 새 것으로 교체해야 한다.

'가스는 항상 위험하다'는 생각을 가지고 있어야 한다. 닭꼬치를 구울 때 쓰는 토치도 항상 조심해야 한다. 한 번은 토치로 닭꼬치를 굽다가 부탄가스에 불이 붙었는데, 닭꼬치를 밖으로 던져서 끈 적 있다. 절대 안일하게 장사하면 안 된다. 돈 얼마 벌자고 큰돈을 날리면 안 되기 때문이다.

아이템 선정의 기본 원칙

"어떤 아이템으로 장사를 해야 하나요?"

푸드트럭 장사를 앞둔 사람들에게 가장 많이 듣는 질문이다.

어떤 메뉴를 선택하느냐는 푸드트럭의 기본 콘셉트를 결정하는 데 가장 중요한 요소다. 이전에는 떡볶이, 순대, 어묵, 닭꼬치, 만두, 계란빵 등 포장마차 메뉴가 많았지만, 요즘은 푸드트럭의 메뉴가 정말 다양해졌다.

에이드, 더치커피, 생과일쥬스, 추로스, 화덕피자, 치킨, 닭강정, 칵테일, 마약옥수수, 새우튀김, 감자튀김, 타코야키, 회오리감자, 소떡(소세지+떡), 크레페, 케밥, 수프, 오코노미야키, 야키소바, 초밥, 짜장면, 짬뽕, 핫도그, 하와이안 셰이브, 소프트아이스크림, 큐브스테이크, 샌드위치, 딸기찹쌀떡, 꽃게튀김, 바나나튀김, 떡갈비완자 등.

지금도 계속 새로운 품목의 메뉴로 영업하는 푸드트럭이 등장하고 있다. 매년 많은 품목이 개발되기도 하고, 소리 소문 없이 사라지는 품목도 많다. '이제 푸드트럭에서 할 수 없는 메뉴는 없다'는 말이 더 정확할 것이다. 하지만 앞에서 소개한 메뉴 외에 새로운 메뉴를 개발한다면 훨씬 경쟁력이 있을 것이다.

푸드트럭을 새로 시작하는 사람이라면, 앞에서 말한 메뉴를 참고해 보아도 괜찮을 것이다. 새로운 품목에 대한 시장 조사를 하려면, 서울을 기준으로 노량진, 명동, 홍대, 건대, 동대문, 대학로 정도를 돌아다니면서 요즘 시장의 흐름을 파악해 보는 것도 도움이 된다. 이외에도 내가 생각하는 노하우를 설명하면 다음과 같다.

절대 유행을 따라가지 않는다

'무슨 메뉴가 유행이라더라', '요즘 이게 대박이라고 하더라'는 소문을 듣고 그 아이템을 맹목적으로 따라가면 매우 위험하다. 한때 추로스, 회오리감자, 씨앗호떡 열풍이 불었다. 그러나 시간이 지나서 열풍이 가라앉고나면 결국 선두기업 하나만 남고 다 망하기 마련이다. 거품은 반드시 꺼진다. 동네마다 있는 '○○스 비어'를 생각해 보라.

보통 먹거리 유행은 '노점, 푸드트럭' → '테이크아웃점' → '대형 매장'으로 이동하기 마련이다. 따라서 거리를 둘러보고 못 보던 대형 점포가 곳곳에 눈에 띈다면 그 아이템으로 푸드트럭을 하면 안된다. 요즘 핫한 스테이크의 경우 처음 푸드트럭과 노점에서 스테이크를 선보였을 때 사람들이 반응이 뜨거웠다.

"레스토랑에서 몇만 원씩 주고 먹는 스테이크를 길거리에서 1만 원에 먹을 수 있다니?"

현재는 주요 상가에 스테이크 프랜차이즈 매장도 쉽게 볼 수 있지만, 소비자들은 똑똑하다.

"이 고기는 그냥 1만 원짜리 고기잖아."

이렇게 소비자들이 그 아이템에 싫증을 내면 거품이 꺼지기 마련이다. 결국 요즘 가장 핫한 메뉴가 앞으로도 가장 핫하지는 않을 것이다.

장사를 하다가 메뉴를 바꾸는 것은 생각보다 어렵다. 그건 곧 장사를 지속할 수 없다는 말이므로 장사를 시작하기 전에 시장 조사를 많이 해 보면서 아이템을 선정해야 한다. 나는 장사를 시작하기 전부터 지금까지 대학로, 건대, 신림, 구로디지털단지, 부천, 부평, 종각, 노량진, 가산디지털단지 등의 상가를 돌며 메뉴를 조사하고 있다.

자기가 좋아하는 음식이 유리하다

2013년 처음 장사를 시작할 때 전국에 추로스 열풍이 불었다. 나도 음료수를 팔면서 추로스를 팔면 좋을 것 같아 튀김기, 반죽기, 성형기, 추로스믹스 등 300만 원어치를 사들였다. 직접 추로스를 만들어보니 어렵지 않게 모양이 나왔는데, 그 모습을 보던 형이 물었다.

"너 왜 이거 해?"

"형! 요즘 이거 대박이야. 이거 하면 돈 엄청 번다고 해."

"너랑 나는 길거리 다니면서 추로스 사 먹어본 적 없지? 그거 밀가루랑 설탕 아니야? 운동하는 사람들은 절대 안 먹어."

나는 형의 말을 제대로 안 듣고 추로스를 열심히 튀겼다. 그런데 추로스 3개를 먹어보니 더는 못 먹을 것 같았다. 잘 익었는지 모양만 보고 계속 튀기고 버리면서 당연히 정성이 안 들어갔다. 그래서 할 수 없이 다시 기계를 팔아버렸다. 그때 '시장의 흐름을 따라가지 않고 자기가 좋아하는 음식을 해야겠다'는 생각이 들었고, 이후 나는 케밥을 아이템으로 정했다.

나는 어릴 때부터 케밥을 좋아했다. 케밥 레시피를 만들 때는 하루에 수십 개씩 맛을 보아도 전혀 질리지 않았다. 따라서 자기가 좋아하고 가장 잘 할 수 있는 품목으로 처음 도전할 것을 권한다. 어떤 아이템인가보다 음식의 맛이 가장 중요하기 때문이다.

융통성 있는 아이템 운영이 필요하다,
단 정체성은 분명히!

여의도 밤도깨비 야시장에 입점하여 수익을 올릴 수 있지만, 푸드트럭의 가장 큰 수익처 중 하나는 '행사'이다. 나는 4년째 기업, 대학교, 관공서 등 많은 행사장을 다니고 있고, 행사 기획도 하고 있다.

나는 처음 가보는 행사장은 아무리 바빠도 무조건 현장답사를 간다. 직접 가서 행사장을 둘러보고, 메뉴 세팅 장소를 살펴보면서 행사의 특성을 먼저 보고, 어떤 사람이 올 것인지도 분석한다. 이렇게 해도 성공률 100%가 아니라 망하는 경우가 많고 여전히 시행착오 중이다. 그러나 이런 노력 끝에 얻은 노하우가 있다면 '고객 중심'이 되어야 한다는 점이다. 나는 대학교 행사를 갈 때는 주로 떡볶이, 컵밥, 닭꼬치 등 대학생들이 좋아하는 메뉴를 준비하고, 대학 축제 때는 에이드나 음료수도 함께 준비해 간다.

만약 어느 야시장에서 인기가 좋고 객단가도 높은 '스테이크 푸드트럭'이 있다고 가정해 보자. 야시장의 고객층과 대학의 고객층은 다르다. 물론 대학교라고 해서 무조건 고가의 메뉴가 안 되는 것은 아니지만, 일부 장소에서는 객단가가 높은 음식이 거의 팔리지 않는다. 닭꼬치, 순대, 소시지 같은 메뉴가 더 잘 팔린다. 따라서 내 메뉴에 대한 자부심을 갖는 것은 좋지만, 고객층에 대한 이해가 먼저다. 그러면서도 자신의 푸드트럭에 대한 정체성은 분명히 가지고 있어야 한다.

정성이 들어간 요리를 손님에게 대접해야 한다

라보 스낵카 시절, 음료수로 장사를 시작해서 닭꼬치도 팔기 시작했다. 지금까지 닭꼬치를 10만 개 정도는 구운 것 같다. 닭꼬치는 만들기도 쉽고, 인기도 있어서 처음 장사를 시작하기에 좋은 아이템이다.

시중에서 파는 닭꼬치가 다 비슷해 보이지만, 재료는 천차만별이다. 냉동 닭꼬치도 있고, 간이 되어 있는 닭꼬치도 있다. 심지어는 빨리 구워 팔 수 있게 초벌구이된 냉동 닭꼬치도 있다. 하지만 나는 처음부터 지금까지 '간이 안 된 생닭'만 사용하고, 나만의 노하우로 닭꼬치를 굽는다. 어린이들이 많은 행사는 닭만 끼운 것을 굽고, 20~30대가 고객일 때는 파와 떡을 넣어 식감을 살리며, 어른들이 먹을 때는 기름 떨어지는 불판으로 구워 담백한 맛을 살리고 있다.

닭꼬치를 구울 때도 단순히 집게로 뒤집지 않는다. 굽는 도구도 여섯 가지 정도 있는데, 철판에 닭고기가 붙지 않도록 물이나 술을 쓰기도 하고, 육즙을 고기 안에 가두어 놓기 위해 다리미 같은 도구로 닭고기를 천천히 누르기도 한다. 불의 강약 조절, 철판 종류,

디스플레이 방법, 굽는 동작도 철저히 계산한다. 구울 때 왼발 오른발을 왔다 갔다 하면서 흥겹게 춤추듯이 구우면 사람들이 호기심을 갖는다. 닭꼬치로 불쇼도 한다. 닭꼬치 메뉴가 쉽다고 단순히 뒤집어서 팔면 그정도 장사만 하는 것이다.

한 대기업은 어린이날 행사에서 5시간 동안 3,000명 분량의 요리를 할 업체를 찾았는데, 이 경우에는 여러 개의 불판을 놓으면 가능하다. 또한 닭꼬치는 먹고 나면 소스가 바닥에 흘러서 더러워지기 쉬우므로 처음부터 주변이 더러워지지 않도록 조치한 후 행사가 끝나면 말끔히 치우고 가야 다음 행사에 또 초청받을 수 있다. 간혹 푸드트럭에서 냉동식품을 뜯어 바로 굽기만 하는 사람들이 있는데, 이 경우 '과연 그 장사를 오래 할 수 있을까?' 하는 생각이 든다.

나는 '색다른 아이템'도 중요하지만 흔한 아이템으로 장사를 하더라도 '좋은 재료를 사용해서, 자기만의 방법으로, 정성껏' 손님께 대접하는 것이 정도(正道)라고 생각한다.

특색 있는 요리를 하되, 특이한 요리는 하지 마라!

많은 사람들이 2017년 밤도깨비 야시장에 도전하려고 시도 중이다. 서울시에서는 잠정적으로 기존 상인 50%, 신규 상인 50%의 비율로 야시장을 운영하려고 계획 중이다. 밤도깨비 야시장에 들어오려면 이것을 꼭 알아야 한다!

절대 다른 푸드트럭과 메뉴가 겹치면 안 된다!
피자 푸드트럭의 경우 수많은 경쟁을 뚫고 올라왔다. 하지만 상대적으로 특이한 요리는 경쟁률이 낮아 입점 확률이 높다.
처음 푸드트럭 장사를 시작하는 사람들이 제일 먼저 떠올리는 아이템은 떡볶이나 닭꼬치일 것이다. 그러나 이 아이템을 선정할 때는 다음 사항을 고려해야 한다.
첫째, 이 아이템으로 치열한 경쟁을 뚫고 밤도깨비 야시장에 입점할 수 있을까?
둘째, 이 아이템으로 사업 확장을 할 수 있을까?

백화점에서는 특색 없는 메뉴를 파는 업체에 매장을 내주지 않는다.
영화 '아메리칸 셰프'에서 주인공은 푸드트럭에서 쿠바 샌드위치를 팔았다. 이후 우리나라에도 쿠바 샌드위치를 파는 푸드트럭이 생겼다. 영화에 나온 메뉴여서 사람들이 호기심도 가졌을 뿐만 아니라 가격도 비싸지 않아 인기를 누렸고, 결국 백화점에도 입점되었다.
여의도 밤도깨비 야시장에도 떡볶이를 파는 사람이 있다. 리소토, 크림떡볶이, 매운 떡볶이를 섞어 먹는 메뉴인데, '떡볶이'라는 평범한 아이템에 아이디어를 더해 차별화에 성공한 셈이다. 내 메뉴인 '케밥'도 차별화에 성공했다. 한국인 중 케밥을 파는 푸드트럭이 없었을 뿐만 아니라 우리나라 사람들도 맛있게 먹는 메뉴여서 백화점에도 입점되었고, 여기저기 행사에도 초청되었다.
'특색' 있는 메뉴라고 해서 '특이한' 메뉴여서는 안 된다. 한 손님은 대만 야시장에서 보았다며 '곤충튀김'을 팔아보겠다고 진지하게 말한 적이 있다. 이 경우 업체간 경쟁은 없겠지만, 아이템 자체도 경쟁력이 없다. 극단적인 예이지만, 우리나라 사람들이

먹을 수 있는 아이템을 선정해야 한다. 2016년 여의도 밤도깨비 야시장에 입점해
있는 사장뿐만 아니라 나도 눈이 보이지 않는 치열한 고민을 하고 있다.

내년 아이템은 무엇으로 할 것인가?
나는 유행을 주도할 수 있을 것인가?

푸드트럭 아이템을 고민하고 있는가?
유행을 주도할 사람이 바로 당신일 수도 있다.

인스타그램에 올라온 여의도 밤도깨비 야시장의 다양한 메뉴, 이런 메뉴가 손님들의 마음을 얻는다.

푸드트럭의 성공 비밀

푸드트럭으로 성공하려면 다음과 같은 세 가지 방법이 있다.

첫째, 길거리 장사의 강자가 된다.
둘째, 밤도깨비 야시장처럼 지자체 푸드트럭 영업자 모집에 선정
　　　되어 안정적으로 장사할 수 있는 곳을 확보한다.
셋째, 케이터링의 강자가 된다.

　나는 지난 4년간 잘 나가는 푸드트럭이 한순간에 실패하거나 없
어지는 경우를 종종 보았다. 10월 이후는 푸드트럭의 비수기다. 겨
울에는 길거리 영업 자체가 불가능하기 때문에 장사가 안 되어 '굶
어 죽는다'고도 한다.
　내가 아는 사람들 중에서 여의도 밤도깨비 야시장을 하는 기간

동안 평일에는 쉬엄쉬엄 장사 준비를 하고, 주말에만 일하는 사람들도 있었다. 회사에 다닐 때보다 몇 배의 수입을 버니까 거만해지고, 어깨에 힘이 들어간 모양이다. 그래서 평일에 지방으로 행사를 가서 10만 원 이익 내는 것을 우습게 여겼다.

"내가 하루에 수백만 원 매출을 찍은 사람이야. 어떻게 10만 원 벌자고 차 몰고 전라도까지 내려가?"

이렇게 한순간의 영광만을 기억하면 다시는 푸드트럭 장사를 하지 못한다.

모든 업계가 그렇겠지만, 푸드트럭도 빈부격차가 심하다. 상위 5~10%의 푸드트럭은 일이 너무 많아서 일을 골라야 하지만, 장사가 안 되는 푸드트럭도 많다. 지금도 중고 차량 사이트에 푸드트럭 매물이 계속 올라오고 있다.

실제로 여의도 밤도깨비 야시장이 끝난 후 거의 90% 이상의 푸드트럭이 장사할 곳이 없어서 영업을 멈춘 상태다. 몇몇 사람은 트럭을 팔려고 내놓기도 한다. 잘 나가는 푸드트럭이나 일반 카페에서 아르바이트를 하는 사람도 있지만, 나처럼 쉬지 않고 일하는 푸드트럭은 극히 드물다. 그렇다면 계속 꾸준히 일할 방법이 있을까? 바로 SNS와 블로그, 그리고 푸드트럭 길드가 그 해답이다.

굶어 죽기 싫으면 SNS와 블로그를 해라

지금 내게 들어오는 일의 90% 이상은 블로그로 들어오고 있다. 내가 지난 4년간 지켜본 결과, 블로그와 SNS로 고객과 계속 소통하고, 관리를 한 푸드트럭은 모두 나보다 훨씬 성장했다. 나와 같은 시기나 조금 늦은 시기에 시작한 푸드트럭이어도 마찬가지다. 지금은 한 대의 트럭으로 모든 일을 처리하기 때문에 늘 시간이 없지만 블로그는 꾸준히 관리하고 있다.

블로그를 관리해야만 살아남을 수 있다!

푸드트럭 사업은 블로그 마케팅 홍보가 특히 중요하다. 블로그를 보고 하루에 문의전화가 2~10통씩 온다. 블로그의 하루 방문자가 평균 200명인데, 대학축제 기간에는 2,000명까지 늘어난다. 나는 인스타그램과 페이스북도 하고 있다. 블로그에 올릴 글을 적기 위해 적어도 5시간은 생각하고 글 하나라도 정성껏 썼다. 검색어 키워드까지 틀을 맞추어 '푸드트럭 창업에 필요한 팁 시리즈'를 올리기도 했다.

몇 년 전부터 푸드트럭을 했던 사장들 중에 '케이터링 분야'의 독보적인 사람들이 있다. 그 사람들은 판매는 안 하고 오직 케이터링만 하는데, 연예인 행사와 기업 행사 등으로 바빠서 비바람이 불고, 태풍이 오고, 혹한기와 폭염이 찾아와도 월 매출 몇 천만 원은 거뜬

하다. 케이터링 주문 10개 중 9개는 그 사람들이 한다고 보면 된다. 나도 아직 그 장벽에는 진입하지 못했다.

그 사람들은 초기부터 공격적으로 온라인 마케팅을 펼쳤다. 푸드트럭에서 떡볶이를 팔던 사장은 케이터링으로 입지를 굳히고 현재는 떡볶이 체인점을 내서 수백억 원대의 자산가가 되었다.

사실 푸드트럭은 장사할 자리를 찾기가 힘들다. 여의도 밤도깨비 야시장에 입점한 차여도 내년에 다시 입점한다는 보장이 없다. 장사가 잘 되어 언론에 소개되는 푸드트럭이어도 '빛 좋은 개살구'가 많다. 여의도 밤도깨비 야시장에서 큰 매출을 냈던 푸드트럭이어도 11월부터는 당장 장사할 곳이 없는 경우가 많다. 또한 창업 초기부터 여의도 밤도깨비 야시장 같은 곳에서 고매출을 올리다가 이후 장사가 안 되면 정신적으로 큰 충격을 받기도 한다. 항상 작은 수익도 중요하다는 생각을 해야 한다. 그래서 다음 연도에 여의도 밤도깨비 야시장에 입점하지 못 해도 경쟁력을 키워야 한다. 지금 이 순간도 제대로 관리하지 않고 유지만 하면 언제 도태될지 모르는 게 푸드트럭 시장이다.

자생력 있게 현장에서 살아남으려면 끊임없이 트렌드를 모니터링해야 한다. 나는 잠시 쉬는 시간이 생기면, 시내 중심 상권을 다니면서 길거리 음식과 식당을 돌아본다. 유튜브, SNS, 맛집 블로그도 수시로 모니터링하다 보면 트렌드를 볼 수 있다.

이 밖에도 인적 네트워크도 끊임없이 관리해야 한다. 푸드트럭을 하고 나서 내 핸드폰에 저장된 번호는 1,000개가 훨씬 넘는다. 서로 행사정보를 주고 받으면서 살아야 한다. 이 행사 저 행사도 다녀보고 실패도 하고 성공도 하면서 노하우를 몸으로 쌓는 수밖에 없다.

이왕 시작한 창업, 잘 하기 위해서는 끊임없이 노력해야 한다. 백조가 우아하게 떠 있지만 발 아래로는 끊임없이 발길질하는 것처럼 말이다.

항상 뛰는 메뚜기에게 한 철이란 없다.

푸드트럭 길드를 조직해라

푸드트럭을 할 사람들에게 이렇게 말하고 싶다.

"혼자서는 절대 살아남지 못한다. 상부상조해라!"

푸드트럭 사업은 푸드트럭을 몰고 이곳저곳을 다니면서 혼자하는 사업 같지만, 꼭 그렇지만은 않다. 우리나라의 합법화된 푸드트럭은 하천, 체육시설, 공원처럼 정해진 장소에서만 운영할 수 있다. 그러다 보면 자연히 일할 수 있는 장소가 한정되기 마련이다. 그럴 때 전국 각지에서 열리는 지역 행사, 기업 초청 행사, 대학축제는 큰 수익처가 된다. 그러나 모든 행사 정보를 알기도 어려울 뿐만 아니라 모든 행사에 초청되는 것도 아니다. 이럴 때 필요한 것이 바로 '정보'다.

처음에 나는 '○○시 뮤직 페스티벌'에서 안 좋은 기억도 있고 해서 주로 혼자 활동했다. 푸드트럭계의 아웃사이더라고나 할까? 그러다가 장사를 하면서 마음에 맞는 사장들을 만나게 되었다. 그렇게 알게 된 사람들이 자꾸 어떤 팀에 들어오라고 권유했는데, 나는 가입비 5만 원이 있다는 것을 납득하지 못했다. 결국 누군가가 대신 가입비를 냈다고 해서 팀에 들어가게 되었다. 그런데 결론부터 이야기하면, 팀에 들어가기를 잘 했다.

팀에 들어가니 좋은점은 정보를 '공유'한다는 것이었고, 확실히 일할 수 있는 기회가 많아졌다. 나는 대학축제에 강점이 있고, 누구는 백화점 행사에, 누구는 기업 행사에, 누구는 식음료 부문 행사에 강점이 있다. 나도 그들에게 도움을 주고, 그들도 나에게 도움을 준다. 나는 이 사람들을 사업상 파트너로 여기고 있다. 혹시 장사가 안 되어 좌절감을 느낄 때 다 같이 음식을 나눠 먹고 위로도 받을 수 있다. 그러나 마냥 그러면 안 된다. 팀에 너무 휘둘리고 정으로 장사를 하다 보면 본인 판단에 가지 않아야 하는 행사도 따라가기 마련이다. 이럴 때는 확실히 '공'과 '사'를 구분해야 한다.

푸드트럭도 장사다 보니 '서로 돕고 사는 일'의 필요성을 절실히 느낀다. 나는 닭꼬치를 팔 때 돗자리를 옆 차의 뒷창문에 꼭 깔아 준다. 닭꼬치 기름이 옆 차에 튀면 잘 지워지지도 않고 비 올 때 위험하기 때문이다. 이런 작은 배려가 다음에 반드시 나에게 돌아온다. 또한 가스가 떨어져 발을 동동 구르는 사장에게 휴대용 가스를 건네주기도 한다. 그러면 내가 급할 때 휴지, 포장지, 조리도구 등을 서로 빌려쓰면서 좋은 관계를 형성하게 된다.

푸드트럭 장사는 혼자 하는 것 같지만, 절대 혼자 할 수 없다. 그러므로 서로 많이 주고 받을 수 있는 환상의 팀을 당신도 꼭 만나기를 바란다.

푸드트럭을 하려면
요리를 잘 해야 할까?

결론부터 이야기하면 '아니다'.

'요리'보다는 '장사'를 하겠다는 '도전 정신'과 '고객에 대한 정성'만 있으면 누구나 푸드트럭을 할 수 있다.

나는 원래 요리를 즐기는 편이었지만, 요리를 전문적으로 배운 적은 없다. TV만 틀면 나오는 셰프도 아니고, 케밥을 아이템으로 정하기 전까지는 케밥을 만들어 본 적도 없다. 그러나 반드시 '푸드트럭으로 성공해야겠다'는 마음만은 어느 스타 셰프 못지 않다.

요즘은 인터넷이 발달하여 웬만한 요리법은 인터넷을 보고 찾을 수 있는데, 간혹 창업 카페를 보면 이런 글을 볼 수 있다.

"제가 오코노미야키를 아이템으로 잡았는데, 레시피 공유 좀 부탁드려요."

물론 친절한 누군가가 알려줄 수도 있다. 그러나 레시피나 조리법은 시간과 정성을 들인다면 충분히 스스로 만들 수 있다.

창업은 자기 노하우로 직접 해야 한다. 어느 사업이나 마찬가지겠지만, 푸드트럭에 대한 정보도 폐쇄적이므로 자기가 몸으로 부딪치며 알아내야 한다.

누군가는 창업을 위해 전국의 맛집을 돌면서 음식맛을 보았다고 한다. 비법 소스를 찾기 위해 식당이 문 닫을 때까지 기다렸다가 쓰레기봉투에서 소스통을 찾아냈다는 이야기도 흔하다. 조리법을 배우기 위해 그 식당에 취업해서 배웠다는 사람도 있다. 그렇게 찾아낸 음식맛은 분명히 뭔가 달라도 다를 것이다.

길에서 파는 음식이지만 나는 '음식은 정성'이라고 생각한다. 그래서 날마다 신선한 채소를 구입하고 먹기 직전에 썰어서 제공한다. 사실 케밥을 미리 만들어 보온기에 보관해서 팔면 매출을 훨씬 쉽게 올릴 수 있다. 그러나 이렇게 하면 토마토, 양배추가 따뜻해져서 식감이 떨어지기 때문에 이런 음식을 손님에게 제공하고 싶지는 않다.

요즘 새우가 인기다. 하지만 나는 새우 알레르기가 있어서 못 먹는다. 내가 돈을 벌 목적이면 새우요리를 해서 맛을 안 보고 팔 수도 있지만, 나는 그렇게 하고 싶지 않다. 내가 정성껏 요리해서 떳떳하고 당당하게 손님들에게 음식을 맛보게 하고 싶다. 결국 중요한 것은 도전 정신과 정성이 아닐까?

식자재 구입, 대형 마트에서
구입하는 것이 답일까?

장사 시작 처음 한두 달은 모든 면에서 시행착오를 겪게 마련이다. 아래에 소개한 팁대로 식자재를 구입한다면, 식자재를 비싸게 구입하여 순수익을 얻지 못했던 초창기 시행착오를 겪지 않으리라 확신한다.

지금부터 햄버거 판매를 예로 들어 재료를 저렴하고 현명하게 구입하는 방법을 알려주고자 한다. 햄버거를 만들려면 햄버거빵, 고기 패티, 양배추, 토마토, 소스 등이 필요하다. 나는 이 재료들을 아래와 같은 곳에서 구매한다.

빵류 : 코스트코, 오프라인 식자재 마트
채소류 : 대형 마트가 아닌 재래시장
소스 : 식자재 마트나 온라인

　장사는 단가 싸움이다. 앞에서 설명한 재료는 모두 대형 마트에서 한꺼번에 구입할 수 있다. 한 곳에서 모든 재료를 구입하면 복잡하지 않고 편리할 수 있지만 그렇게 되면 단가가 너무 높아진다. 그리고 재료가 남을 경우 모두 폐기해야 한다.

　고기 패티는 직접 만든다고 가정하고, 햄버거빵부터 살펴보자.
　햄버거빵은 오프라인 식자재 마트가 아닌 인터넷으로 사면 더 저렴할 수 있다. 하지만 왜 오프라인 식자재 마트에서 사야 할까? 장사가 잘 안 되어서 햄버거빵이 남더라도 환불할 수 있기 때문이다.
　빵을 당일이나 하루 전날 구매하여 그날 모두 판매할 수 있는 정도의 양만 사더라도 변수가 생겨서 빵이 남게 될지도 모른다. 게다가 핫도그빵이나 햄버거빵은 유통기한이 매우 짧다.
　그런데 코스트코나 오프라인 식자재 마트에서 빵을 사는 경우 장사를 마치고 남게 되더라도 환불받을 수 있다. 하지만 인터넷으로 대량 구매하면 택배비도 많이 들고 환불도 안 되기 때문에 오프라인에서 사는 것을 추천한다.

　양배추나 토마토 같은 채소는 재래시장에서 구입할 것을 추천한다.
　나 같은 경우 처음에 토마토를 비롯한 모든 채소는 대형 마트에서 구입했지만, 나중에 재래시장에서 구입하면서 원가절감 효과를 톡톡히 봤다. 싱싱하고 질 좋은 국내산 채소를 마트보다 저렴한 가격에 구입할 수 있다. 대형 마트에서는 대부분 공산품을 시중 가게보다 싸게, 농산물을 비싸게 판매한다. 어찌 보면 당연한 이야기지만, 장사 초기에는 이것을 몰라서 무작정 대형 마트에서만 장을 보았다. 이것도 내가 장사 초기에 겪은 시행착오 중 하나였다.

소스는 인터넷 식자재 마트를 추천한다.

오프라인 식자재 마트는 소스가 다양하지 않고 필요한 수량만큼 갖춰 있지 않은 경우가 많다. 오프라인 식자재 마트에서 소스를 구입하면 두세 번 이상 식자재 마트로 가야 할 상황이 발생하므로 그만큼 시간이 허비된다. 하지만 인터넷 식자재 마트의 경우 물건 보유량이 많다. 따라서 부족한 경우 보충이 빨리 되어 필요한 만큼 상품을 차질 없이 받아볼 수 있다.

실전으로 들어가 보자.

5,000원짜리 햄버거를 파는 경우 대형 마트에서 장을 봐서 식자재를 구매한다면 개당 단가가 2,500원 이상 나온다. 하지만, 내가 위에서 언급한 경로로 구입하면 똑같은 재료를 사도 개당 단가를 2,000원 이하로 낮출 수 있다.

장사의 기본은 원가절감과 로스율을 최소화하는 것이다. 항상 머리를 꽁꽁 싸매야 한다.

식자재를 구입하는 절차가 복잡해 보이겠지만, 한두 달 장사해보면 생각보다 간단한 절차다. 나처럼 시행착오를 겪지 않고, 처음부터 똑똑한 사장이 되기를 바란다.

식자재를 구입하는 절차가 복잡해 보이겠지만, 한두 달 장사해보면 생각보다 간단한 절차다. 나처럼 시행착오를 겪지 않고, 처음부터 똑똑한 사장이 되기를 바란다.

당신이 찾아본 최저가는
최저가가 아니다

요즘 사람들은 물건을 살 때 인터넷에서 최저가를 비교해 보고 가장 저렴한 곳에서 스마트하게 구입한다.

장사하는 사람들은 단돈 10원도 예민하게 반응한다. 같은 재료라면 그중 가장 저렴한 물건으로 살 것이다. 하지만 당신이 찾아본 최저가는 최저가가 아닐 수도 있다.

예를 들어보자.

어떤 닭꼬치는 납품가가 개당 900원이다. 같은 닭꼬치인데 어떤 곳은 개당 850원부터 900원, 950원 등 가격이 다양하다. 인터넷의 경우 배송비까지 생각하다 보면 머리가 아파진다. 이리저리 머리를 굴려 결국 개당 850원 최저가에 산다. 하지만 이게 최저가일까? 아닐 수도 있다.

나는 시중에서 850원에 파는 닭꼬치를 700원에 받고 있다. 또한 인터넷에서 1,250~1,300원에 파는 닭꼬치를 850원에 받고 있다. 분명히 최저가가 850원, 1,250원인데 말도 안 되는 소리라고 생각할 것이다.

장사는 노력하는 만큼, 발품을 파는 만큼 이익이 난다.
시야가 좁고 귀가 어두우면 장사하기 어렵다.

오프라인이 온라인보다 무조건 비싸다는 생각은 접고, 내가 찾는 물건이 모두 온라인에 있다는 착각은 버려야 한다. 노력하고 발품을 파는 만큼 동일한 상품을 온라인보다 싸게 파는 오프라인 매장을 찾을 수 있고, 온라인에 없는 다양한 상품을 구입할 수 있다.

나는 그동안 품질 좋은 물건을 납품하는 거래처를 찾기 위해 많은 발품을 팔았다. 그 결과, 좋은 품질의 식자재를 저렴한 가격에 파는 거래처들을 발견했다. 모든 사람이 찾아본 최저가가 정말 최저가인 경우도 있지만, 동일 제품을 그보다 더 싼 가격에 사는 경우도 많다.

나 같은 경우 몇몇 식재료는 오랜 기간 많은 양을 거래했기 때문에 거래처 사장님들과 금액을 협상할 수 있었다. 그렇기 때문에 처음 장사를 시작하는 분들과 나는 처음 원가부터 차이가 날 수밖에 없다. 물론 이것은 푸드트럭 창업을 처음 시작하는 사람에게는 해당되지 않는다.

나도 이렇게 되기까지 꼬박 3년 넘게 시행착오를 겪었다. 부디 같은 재료를 조금이라도 더 저렴하게 사서 최대의 이익을 내길 바란다.

나만의 브랜드를 만들어라

여의도 밤도깨비 야시장 사람들 이야기에서 '나만의 스토리를 만들어라'는 이야기를 했다. 푸드트럭으로 사업을 하려면 이렇게 말하고 싶다.

나만의 브랜드를 만들어라!

처음 푸드트럭 사업을 생각했을 때 고민했던 것이 '브랜드'였다. 그냥 사 먹는 길거리 음식이 아니라 내 정성과 열정이 반영된 브랜드를 만드는 것은 나의 숙제였다. '오빠손맛'이라는 네이밍을 하기 위해 두 달간 고민하면서 총 100여 개의 이름을 떠올렸다. 그 결과, 먹플레이어(먹다+콤플레이어), 리얼 냠냠, 냠냠 쩝쩝, 맛나면 장땡, 고고씽유, 싱싱오오, 와구와구, 푸드왕, 쿠킹스멜, 출출한 사람들, 쿡

그래 등의 이름을 떠올렸다. 여기에 내 이름 '홍섭'을 딴 와썹 트럭, 우리서빙, 서빙이가 하는 서빙, 빨리 와썹 등의 이름도 후보였다. 장사를 하고 들어온 새벽에 감수성이 폭발할 때면 핸드폰 메모장을 열어 수많은 이름을 지어 보았다. 친구들에게 시도 때도 없이 전화해서 의견을 물었더니 친구들이 엄청 괴로워했다.

"야, 그만 괴롭혀!"

결국 최종 낙찰된 이름이 '오빠손맛'이다.

'청년 사장'이라는 점을 부각시키면서도 '음식을 맛있게 만들겠다'는 의지가 들어간 이름으로, 상표권 등록까지 마친 상태다. 이름을 만들어 보니 이름의 앞뒤에 음식명이 들어가면 안 된다는 생각이 들었다. ○○만두, 치킨○○과 같이 앞뒤에 음식명이 들어가면 그 브랜드는 그 음식만으로 한정되기 때문에 다른 음식 사업을 접목할 수 있는 이름으로 골랐다. 하지만 내 생각이 무조건 맞는 게 아니므로 본인 상황에 맞게 이름을 정하기를 바란다.

장사를 하다 보면 가끔 '오빠손맛 케밥' 프랜차이즈 트럭을 하고 싶다는 사람들이 있다. 그러면 나는 이렇게 이야기한다.

"프랜차이즈 사업을 하면 아무래도 좋은 것은 본사가 갖고 가맹점은 불리할 수밖에 없습니다. 그래도 할 겁니까? 그러니 푸드트럭은 일단 자기만의 아이템을 가지고 자기 이름을 걸고 해 보세요."

푸드트럭이 뜨다 보니 요즘에는 자본이 있는 사람들이 이 시장을 독식하려는 움직임이 있다. 돈 많은 사람이 푸드트럭을 만들어 1호점, 2호점, 10호점까지 내면, 장사를 하려는 사람들이 로열티를 내고 물건을 납품받아 장사하는 것이 된다. 그러나 나는 청년들과 다시 일을 시작하려는 장년들에게 준 기회를 자본가들이 갖는 것이 바람직하지 않다고 본다. 왜냐하면 푸드트럭은 장사를 처음 시작해 보는 사람들의 '시작점'인 사업이기 때문이다. 돈 있는 사람들이 탐욕을 부려서 자기들의 주머니를 채우는 것은 '청년 창업 정신'에 맞지 않는다고 생각한다.

프랜차이즈의 장점은 별다른 노하우 없이 본사에서 식재료와 레시피를 제공받아 가공 및 조리하여 판매하기 때문에 쉽게 창업할 수 있다. 하지만 요즘은 본사와 가맹주 간의 불공정 계약 때문에 결국 본사만 이익을 챙기고, 가맹주들은 손해를 보는 경우가 많다. 푸드트럭에도 그 원리가 그대로 적용될 것으로 본다. 이왕 시작하는 장사이므로 내가 발품 팔고, 싱싱한 재료를 구입하고, 레시피를 연구하고, 남들과는 다른 맛을 내는 음식을 만들어 파는 것이 좋지 않을까?

나는 지금까지 외부 투자자의 도움을 절대로 받지 않았다. 일부 푸드트럭의 경우 투자자의 도움을 받아 사업을 크게 확장하기도 한다. 하지만 나는 내 힘으로만 사업을 꾸려나가고 있다. 사람에 따라서는 투자자의 도움을 받아 빨리 사업을 키우고 싶을 수도 있다.

하지만 나는 위험 부담을 감수하기보다 느리더라도 내 힘으로 조
금씩 사업을 키우고 싶다. 처음 푸드트럭을 한다면, 자신만의 브랜
드를 만들기를 권한다.

무조건 6개월은 버텨라

인터넷 창업 카페에 가 보면, 3,000만 원을 주고 산 푸드트럭을 몇 달 만에 1,400~1,500만 원에 파는 경우를 종종 볼 수 있다. 모두 처음 몇 달 장사를 버티지 못해 손해를 보고 파는 것이다. 동네마다 장사가 안 되어 인테리어 장사만 잘 된다는 속설이 있듯이 이렇게 되면 푸드트럭 제작 회사만 돈을 벌게 해 주는 셈이다.

무슨 일이든 첫술부터 배부를 수는 없다. 자리를 잡는 일, 마케팅 하는 일, 고객을 응대하는 일, 재료를 준비하는 일, 푸드트럭팀을 만드는 일 등 시행착오를 겪다 보면 어느새 장사도 자리를 잡게 될 것이다.

고객들에 대한 작은 배려와 세심한 노력이 쌓여 큰 매출로 이어진다. 그리고 장사가 안 될 때는 마인드 컨트롤을 잘 해야 한다. 행사에 갔는데 쫄딱 망한 날에도 나는 혼자 생각한다.

'아무렇지 않게 생각하자. 다음에 벌자. 바쁠 때를 위해서 쉬는 거야.'

그렇게 그 상황을 참는다. 그리고 내 좌우명인 '시간은 간다'를 떠올린다.

모든 상황을 내가 제어할 수 없으므로 그럴 때는 그냥 내가 할 수 있는 일을 한다. 핸드폰을 꺼내 통화해야 하는 사람들과 연락하고 다음 일을 잡아 스케줄 채울 궁리를 한다. 다음날 해야 할 일도 순위별로 정리해 보고, 블로그도 정리하고, 고기도 주문한다. 행사 담당자에게 연락할 일은 없는지 확인하면서 쪽박의 시간도 생산적인 생각을 하며 보낸다.

한가할 때 가장 주력해야 할 것은 '맛'이다. 맛이 없거나 문제가 있다고 소문이 나면 다른 푸드트럭 사장들이 절대로 행사에 불러주지 않는다. 그리고 자기 푸드트럭의 정체성을 꾸준히 키워나가야 한다.

2016년 2월, 나는 날마다 '음악중심', '인기가요', '뮤직뱅크', '엠카운트다운' 등의 음악 방송이 있는 날 방송국 앞을 찾아갔다. K-Pop 팬도 아니었고, 아직 밤도깨비 야시장에 입점하기 전이었다. 막상 입점해서도 매출은커녕 커다란 손실만 기록할 때였다. 이때는 푸드트럭에 내 인생을 걸어보기로 결심한 상태였고, 일이 없으면 백수라는 절박함도 있었다.

본격적으로 푸드트럭을 해서 일이 끊기지 않으려면 홍보가 중요하다고 생각했다. 이전에 현아, 전진 등 연예인 팬클럽 행사를 몇 번 진행해 봐서 연예인 서포트 행사 홍보를 하기로 마음먹었다. 정말 '굶어죽지 않으려고' 명함을 만들었고, 2월부터 5월까지 석 달간 매일 음악 방송국 앞을 찾아갔다. 음악 방송의 사전 녹화 시간 전에 미리 가서 스타를 기다리는 팬들에게 명함을 돌렸다.

"이게 뭐에요?"

"다음에 오빠 컴백 행사할 때 음료수, 커피 100잔 주문해 주세요."

"뭐래? 비켜요. 우리 오빠 안 보여요."

"아까 받았어요."

명함을 받지는 않는 것은 기본이었고, 받자마자 버리는 소녀팬들도 허다했다. 그러다 보니 다음날 다른 방송국에 가면 그 소녀들을 또 보곤 했다. 아주 간혹 명함에 흥미를 보인 소녀들도 있었다.

"이런 게 있네요. 다음에 회장 언니한테 말해서 부를게요."

이렇게 석 달간 노력했지만, 단 한 건의 연락도 오지 않았다. 그러나 나는 그 시간을 후회하지 않는다. 절박함이 만든 노력이었기 때문이다. 그런 마음으로 하다 보니 지금까지 장사를 하고 있지 않을까? 지금은 잘 나가는 주변 푸드트럭 사장들에게 물어보면 모두 똑같이 말한다.

"처음 6개월이 최대 고비야!"

그래서 처음 푸드트럭을 시작해도 포기하지 말고 6개월을 꼭 버티라고 말하고 싶다.

다음 단계를 위해 발돋움해라

6개월을 잘 버텼는가?

SNS와 블로그 활동도 열심히 하고 있는가?

그럭저럭 장사가 되고 있는가?

그렇다면 다음 단계를 위해 준비해야 한다.

나 역시 이것을 준비하지 못해서 시행착오를 톡톡히 겪었다. 나는 푸드트럭만 한다고 생각하지 않고 이것을 발판으로 더 큰 사람이 될 것이라는 생각을 항상 했다.

꿈이 현실이 되었을까? 조금씩 매출이 좋아지면서 식재료 준비, 자료 관리, 고기 주문량이 폭발적으로 늘어났다. 매출이 늘면 창고가 반드시 필요하다. 왜냐하면 재료를 제대로 보관하지 못하면 신선도가 떨어져서 매출이 오를 수가 없기 때문이다.

우리 가족은 올해 부천시에 있는 단독주택으로 이사했는데, 급한 마음에 1층을 창고로 사용했다. 전기세가 1~2층 다해서 많아야 20만 원 정도 나왔는데, 4월에는 전기세가 80만 원, 수도세가 40만 원이 나왔다. 여름에는 누진세 때문에 전기세가 평상시의 8배가 나왔다. 가정용 전기여서 비쌌던 것이었다. 이때 너무 바빴기 때문에 '창고 임대 VS 전기세, 수도세' 중 무엇이 이득인지 따져보지도 못하고 요금내기에 급급했다. 매출이 어느 정도 오른다면 반드시 창고를 마련해야 한다.

투자할 때는 투자해야 한다

매출이 올라갈 때는 재료 보관 장소가 필요하다. 만약 아파트에 산다면 집 안에 보관 장소가 마땅하지 않으므로 창고를 임대하는 방법도 좋다. 나는 결국 공사 비용 80만 원을 들여 집 1층을 상업시설로 전환하고 계량기를 따로 쓰고 있다. 이때 창고를 혼자 쓰려고 하지 말고 함께 쓸 사람을 구하는 것도 좋은 방법이다.

주차하기 쉬운 지역 1층, 고속도로 옆에 자리잡는다

창고는 가급적 1층이나 주차하기 쉬운 곳에 얻어야 한다. 1층이 아니라면 꼭 엘리베이터가 있어야 한다. 임대료 10~20만 원을 더 주더라도 지하나 2층은 안 된다. 무거운 짐을 들고 계단을 오르내리다 보면 병원비가 더 들 수 있다. 창고가 고속도로 바로 옆에 있으면 더 좋다. 창고가 무조건 서울 한복판에 있다고 좋은 게 아니다. 서울 시내에 있으면 시내 접근성은 좋지만, 행사장까지 차가 너무 막힌다. 따라서 부천, 부평처럼 고속도로 접근성이 좋은 곳에 창고를 마련하는 것이 좋다. 본인 집의 일부를 창고로 쓰는 게 제일 좋지만, 새로운 장소를 구해야 하면 이런 곳을 추천한다. 이런 곳은 변두리기 때문에 월세가 낮은데, 발품을 팔아 잘 찾아보면 월세가 싼 곳이 있을 것이다.

2~3대의 탑차를 주차할 수 있는 곳이면 좋다. 비를 피해 푸드트럭을 주차하는 게 차의 수명을 생각하면 이득이다. 야외에 세워 놓으면 차가 훨씬 더 빨리 부식될 뿐만 아니라 햇볕 때문에 래핑이 벗겨지기도 한다.

채소가 필요하다면 가락시장이나 강서시장이 가까운 곳이 좋고, 고기가 필요하다면 마장동 근처에 얻어 좋은 재료를 싸게 구입하는 것을 추천한다. 이 밖에도 대형 마트인 코스트코나 이마트 트레이더스, 홈플러스가 주변에 있으면 급하게 필요한 물품을 구입할 때 좋다.

푸드트럭이 단순한 트럭 장사라고 생각하면 안 된다. 훨씬 더 큰 푸드트럭은 사무실도 따로 있고, 상주 직원도 뽑는다. 이렇게 한 단계 미리미리 준비하라!

푸드트럭 시장의 기회는 당신의 것!

이전에는 푸드트럭이 행사장에서 들러리였다. 하지만 요즘은 푸드트럭의 입지가 달라져서 다른 상점들의 매출을 높여주고 고객들을 유치하는 쇼핑센터의 상징이 되었다. 요즘 생기는 대형 쇼핑몰에서는 푸드트럭 존을 설치하고 있다. 푸드트럭이 주는 낭만이 고객들에게 좋은 평가를 받고 있기 때문이다.

지금도 대형 쇼핑몰 푸드트럭 존에서 푸드트럭이 큰 인기를 끌면서 성황리에 영업하고 있고, 백화점에서도 푸드트럭 음식을 소개한다. 이제는 쇼핑몰과 아울렛에서도 푸드트럭 존을 설치할 움직임을 보이고 있다. 나도 수도권 여러 곳의 쇼핑몰과 아울렛에 초청받았고, 이마트와 홈플러스 같은 대형 마트에서도 푸드트럭을 부르고 있다. 푸드트럭이 볼거리도 되고, 주부들이 장을 보러 나왔다가 아이들에게 먹거리도 사 줄 수 있어서 인기가 많다.

요즘 개장하는 대형 쇼핑몰에서는 식당가 한 가운데에 푸드트럭을 설치하는 경우가 많다.

푸드트럭의 영역이 점점 넓어지고 있다. 따라서 개성 넘치는 아이템, 사업에 대한 열정, 고객에 대한 정성이 뒷받침된다면 당신도 충분히 성공할 수 있을 것이다.

부록 1

푸드트럭 창업에 유용한 정보 3

푸드트럭에 대해
제대로 알고 시작하자

네이버에서 '푸드트럭'을 검색하면 다음과 같이 나온다.

> 자동차관리법 제3조 제1항 제4호에 규정된 특수자동차로서 음식을 조리하여 판매하거나 시식용으로 제작된 자동차

푸드트럭은 포장마차와 유사한 개념으로, 작은 트럭을 개조해 음식점으로 운영하는 자동차를 의미한다. 푸드트럭에서 조리장 작업장의 높이는 1.5m(경차 1.2m) 이상, 면적은 0.5m^2 이상 확보해야 한다. 국내의 푸드트럭은 대부분 분식이나 주류를 판매하지만, 미국의 푸드트럭에서는 샐러드, 나초, 아이스크림, 음료수, 지역 특색 음식 등 다양한 품목을 판매한다.

음식점을 개점하는 비용보다 트럭을 구입 및 개조하는 비용이 적어 창업 비용을 절감할 수 있다. 하지만 연료비 등 차량 유지비가

많이 발생하고, 외부에서 운영하므로 위생 문제에 신경을 써야 한다는 단점이 있다.

이번에는 우리나라에서 운영할 수 있는 푸드트럭의 종류와 푸드트럭의 장·단점에 대해 이야기해 보겠다.

푸드트럭은 '특수 제작된 자동차'이다.

우리나라에서는 0.5톤과 1톤 트럭만 허용하고, 이 외의 다른 자동차는 푸드트럭으로 승인을 받을 수 없다. 따라서 일반 승용차, SUV, 1톤급 이상의 트럭을 푸드트럭으로 사용할 수 없다. 푸드트럭은 이동이 자유로운 포장마차라고 생각하지만, 포장마차와 같이 많은 메뉴를 제공하기에는 제약이 많다. 푸드트럭의 경우 주 메뉴와 부 메뉴로 두세 가지 정도 영업하는 경우가 많다.

푸드트럭은 이동을 하면서 어디에서나 영업할 수 있다는 게 가장 큰 장점이다. 하지만 우리나라에서는 아직 고정된 자리에서 판매할 곳이 없다는 것이 현실이다.

푸드트럭의 가장 큰 장점은 다른 사업보다 창업 비용이 적게 든다는 점이다. 하지만 푸드트럭은 가게보다 훨씬 성공하기 어렵다. 또한 푸드트럭 개조비용도 생각보다 많이 든다.

푸드트럭 영업의 합법화가 시행된 이후부터 구조 변경, 가스 승인 비용 등 기존보다 추가로 드는 비용도 있다. 그리고 규격화된 시설을 설치해야 합법화 승인이 나기 때문에 개인이 직접 변경하기가 무척 어렵고 까다롭다. 그래서 차량 개조 업체에 맡기는데, 경험이 없는 특장업체가 푸드트럭 제작을 시작하게 되어 푸드트럭 제작업체만 많은 돈을 벌고 있다. 게다가 업체들끼리 가격을 담합해서 개조 비용을 올리는 상황이 더욱 문제다.

현재는 많은 제작 경험 때문에 실력 있는 특장 업체가 많아지고 있다. 하지만 1~2년 전에만 해도 푸드트럭 안에서 조리하기에는 너무 불편하도록 동선을 짜거나, 내부 조리시설이 빠지지 않거나, 제대로 조리시설을 갖추기 위해 기존의 모든 조리시설을 파손해야 뺄 수 있는 어처구니없는 상황도 발생했다. 합법적으로 푸드트럭 창업을 하기 위해 중고차 구입부터 합법화 상태의 차 제작까지 적게는 2,000만 원에서 많게는 3,000만 원 이상의 비용이 든다. 따라서 합법화된 푸드트럭을 사는 게 비용 부담이 가장 적다.

푸드트럭은 연료비 등 차량 유지비가 많이 발생한다. 많이 이동해야 하기 때문에 주유비는 항상 고정 지출이고, 차량 보험료도 만만치 않다. 나의 경우 자기차량손해보험(자차보험)의 한도를 최대 금액으로 맞추었고, 운전자는 누구나 운전 가능하게 했다. 요즘에는 탑차에 대한 보험, 내부 시설 및 집기에 대한 보험도 필요에 따라 가입하기 때문에 보험료도 무시할 수 없다. 시간이 지나면 도색 및 래핑도 다시 해야 하고 탑의 부식도 진행된다. 도색과 래핑, 탑을 새로 올리는 비용도 부담스럽고 내부 집기도 시간이 되면 교체해야 한다.

푸드트럭은 외부에서 운영하므로 위생 문제에 신경을 써야 한다. 날씨는 크게 '비가 온다', '눈이 온다', '바람이 많이 분다', '겨울이다', '황사가 심하다' 등으로 나뉘어지는데, 푸드트럭은 날씨의 영향을 많이 받는다. 실제로 1년 365일 중 절반은 장사에 못 하는 날이다. 비가 오는 날에는 손님들이 음식에 눈을 돌릴 여유가 없고, 시내 유동 인구도 눈에 띄게 줄어든다. 눈이 오면 비 오는 날보다 더 큰 타격을 받는다.

푸드트럭의 최대 비수기는 겨울이다. 겨울에 잘 되는 품목은 몇 개 없고 차 안에 있으면 추워서 푸드트럭 영업을 하기가 힘들다. 바람 부는 날에는 밖에 있는 먼지나 유해물질이 음식으로 들어가기도 해서 영업하기가 어렵다. 그리고 탑을 열어놨기 때문에 갑자기 접히면서 손님들이 다칠 수도 있어 매우 조심스럽다. 황사가 심한 날은 음식이 지저분해져서 장사가 불가능하다. 즉 푸드트럭은 '봄, 여름, 가을, 겨울 사계절 내내 영향을 받는 장사'이다. 멋모르고 시작한 '묻지 마 창업'은 '빛 좋은 개살구'가 되기 쉬워서 매우 위험할 수 있다.

푸드트럭 사업 4년차, 작년에 봤던 푸드트럭 중 절반 이상은 장사를 접는 걸 보았다. 올해는 더 많은 사람들이 푸드트럭을 시작했지만, 내년에는 이 차들 중 많은 차들이 없어질지도 모른다. 물론 같이 장사하던 사장들 중에는 성공해서 가게를 낸 사람들도 있다. 내가 이렇게 푸드트럭의 안 좋은 면을 현실적으로 쓰는 데는 이유가 있다.

‘푸드트럭 창업을 할 생각이라면 처음부터 많은 돈을 쓰지 말고, 적은 돈으로 경험삼아 몇 달 해 보고 투자해도 늦지 않다!’

많이 준비해야 크게 성공할 수 있다.

푸드트럭의 초기 창업비용은 얼마일까?

푸드트럭을 창업하려면 먼저 다음의 몇 가지 문제를 선택해야 한다.

첫째, 본업인가?
　　　부업인가?

둘째, 1톤 트럭을 구입할 것인가?
　　　0.5톤 트럭을 구입할 것인가?

셋째, 합법적으로 사업을 할 것인가?
　　　비합법적(불법)으로 사업을 할 것인가?

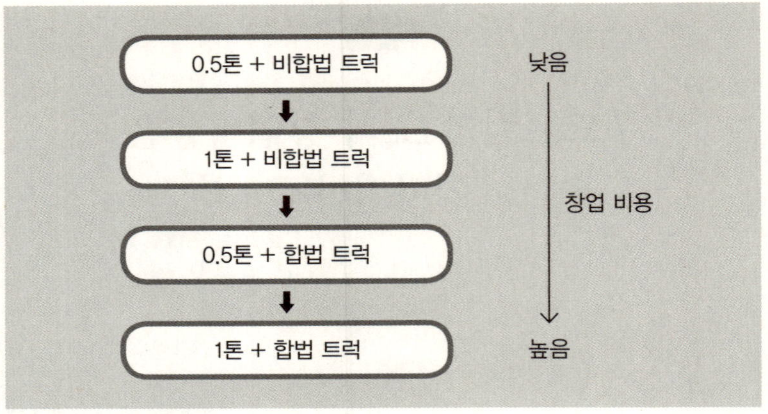

초기 창업 비용이 낮은 순서

0.5톤/1톤 비합법 트럭의 경우에는 중고 푸드트럭 매물에 따라 차이가 있지만, 적게는 500만 원 미만으로도 창업이 가능하다. 반면 합법 푸드트럭의 경우에는 중고 푸드트럭 구입부터 합법화 제작까지 0.5톤은 1,500만 원 이상, 1톤은 2,000만 원 이상 든다. 그러나 업체에 맡기지 않고 스스로 제작하거나 여기저기 발품을 팔면 창업 비용을 줄일 수 있다.

본업이면 장기적으로 볼 때 합법화로 가는 것이 맞다. 처음에 합법화되지 않은 푸드트럭으로 시작해도 나중에 합법화를 진행할 수밖에 없는 구조이기 때문이다.

- 본업 1톤 합법 트럭(평균 2,000만 원 이상)
- 본업 0.5톤 합법 트럭(평균 1,500만 원 이상)

본업이 따로 있고, 부업으로 창업하는 경우에는 처음부터 많은 비용을 들이지 않는 것이 나을 수도 있다.

- 부업 0.5톤 비합법 트럭(평균 300~1,000만 원)
- 부업 1톤 비합법 트럭(평균 500~1,300만 원)
- 부업 0.5톤 합법 트럭(평균 1,500만 원 이상)
- 부업 1톤 합법 트럭(평균 2,000만 원 이상)

계속 발품을 팔다 보면, 합법화된 푸드트럭을 저렴한 중고가격에 인수할 수 있다. 특히 2015년부터 합법화 제작된 푸드트럭 중고 차량이 매물로 나오는 경우가 많다. 괜찮은 푸드트럭을 인수하면, 트럭을 사서 제작하는 것보다 창업 비용을 크게 줄일 수 있다. 결론적으로 푸드트럭의 창업 비용은 최저 300만 원부터 최대 5,000만 원이 넘는 등 다양하므로 본인의 목적에 맞게 잘 선택해야 한다.

영업 신고 절차

　푸드트럭 영업은 자동차관리법, 식품위생법 등 여러 가지 법을 따라야 하며, 영업신고(휴게음식점, 제과점영업) 이전에 다음 절차 중 ①~⑩까지 완료해야 한다. 복잡하게만 보일 수 있지만 생각보다 푸드트럭 영업 절차는 복잡하지 않다. 다음의 표를 보고도 이해되지 않는다면 이어지는 '부록 2'를 참고하기 바란다.

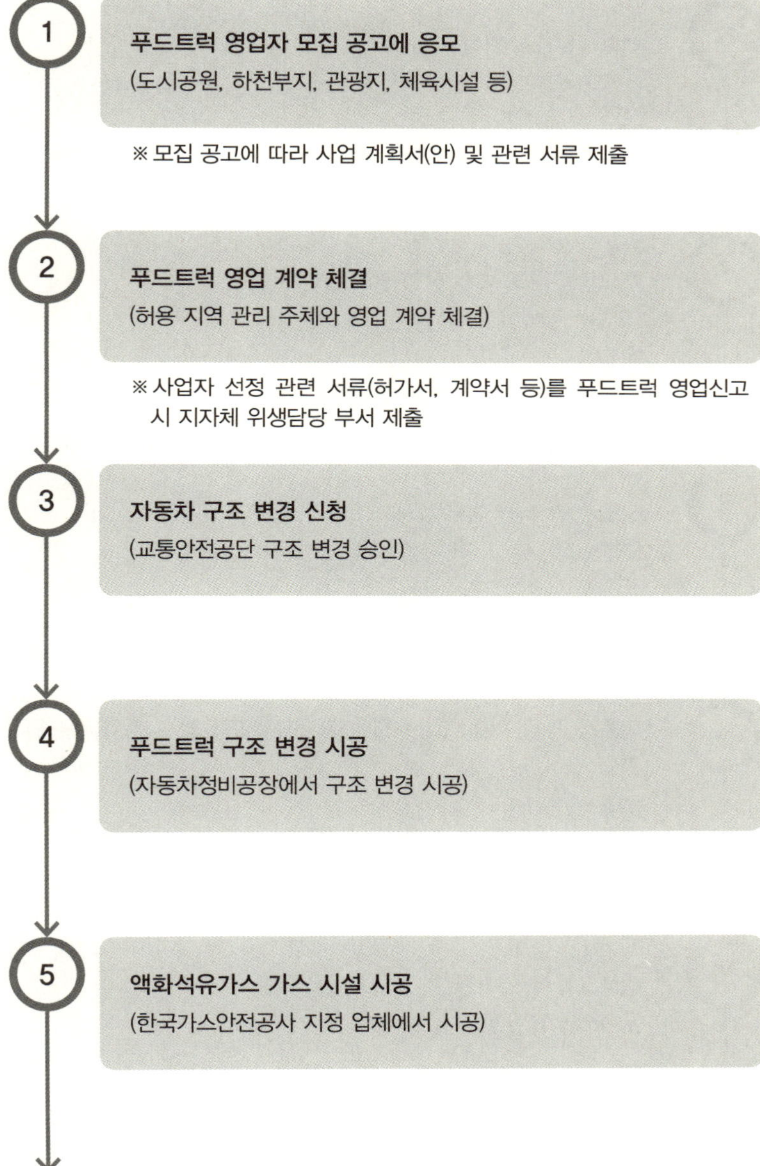
1
푸드트럭 영업자 모집 공고에 응모
(도시공원, 하천부지, 관광지, 체육시설 등)

※ 모집 공고에 따라 사업 계획서(안) 및 관련 서류 제출

2
푸드트럭 영업 계약 체결
(허용 지역 관리 주체와 영업 계약 체결)

※ 사업자 선정 관련 서류(허가서, 계약서 등)를 푸드트럭 영업신고 시 지자체 위생담당 부서 제출

3
자동차 구조 변경 신청
(교통안전공단 구조 변경 승인)

4
푸드트럭 구조 변경 시공
(자동차정비공장에서 구조 변경 시공)

5
액화석유가스 가스 시설 시공
(한국가스안전공사 지정 업체에서 시공)

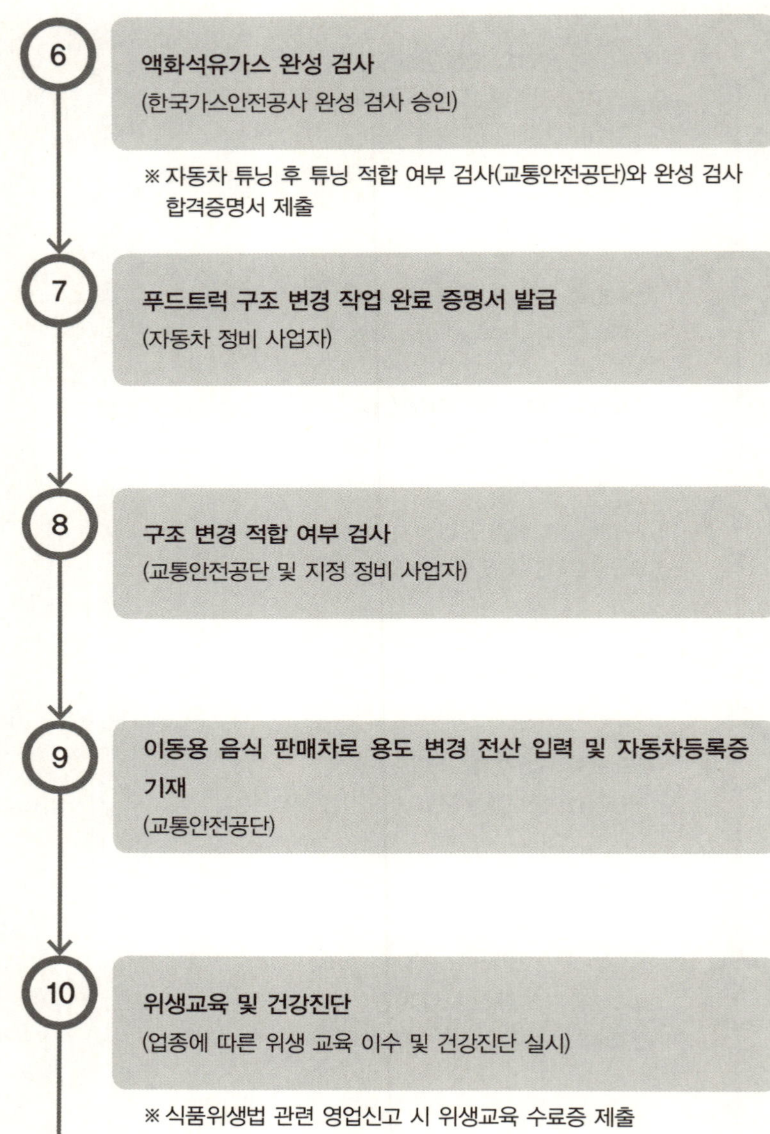

6
액화석유가스 완성 검사
(한국가스안전공사 완성 검사 승인)
※ 자동차 튜닝 후 튜닝 적합 여부 검사(교통안전공단)와 완성 검사 합격증명서 제출
7
푸드트럭 구조 변경 작업 완료 증명서 발급
(자동차 정비 사업자)
8
구조 변경 적합 여부 검사
(교통안전공단 및 지정 정비 사업자)
9
이동용 음식 판매차로 용도 변경 전산 입력 및 자동차등록증 기재
(교통안전공단)
10
위생교육 및 건강진단
(업종에 따른 위생 교육 이수 및 건강진단 실시)
※ 식품위생법 관련 영업신고 시 위생교육 수료증 제출

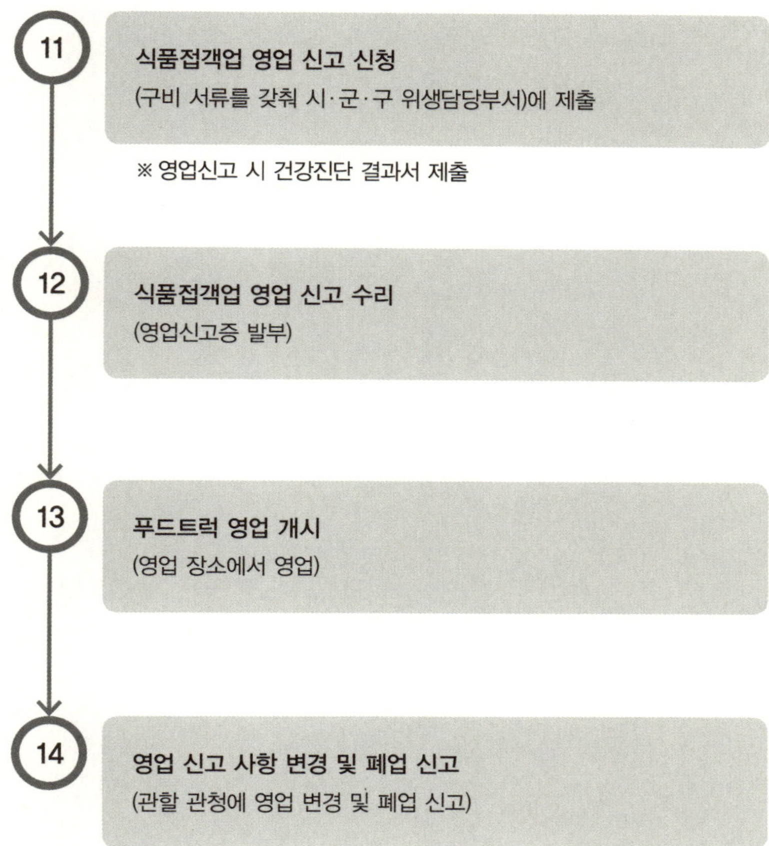

11
식품접객업 영업 신고 신청
(구비 서류를 갖춰 시·군·구 위생담당부서)에 제출

※ 영업신고 시 건강진단 결과서 제출

12
식품접객업 영업 신고 수리
(영업신고증 발부)

13
푸드트럭 영업 개시
(영업 장소에서 영업)

14
영업 신고 사항 변경 및 폐업 신고
(관할 관청에 영업 변경 및 폐업 신고)

30일 만에
초저가
푸드트럭
창업하기

누구나 30일 만에
푸드트럭을 창업할 수 있다!

S그룹 1년차인 최창업 씨(27).

최 씨는 좋은 대학교에 가기 위해 고등학교 3년간 매일 14시간 이상 공부했다. 스톱워치를 켜고 열심히 공부한 덕분에 대학교 졸업과 동시에 대기업에 입사했다. 그러나 그토록 바라던 회사에 들어온 기쁨도 잠시, 일이 너무 힘들었다. 고등학교 때는 야자 때문에, 대학교 때는 야근 때문에 인생을 보내는 것 같았다. 퇴직한 선배들을 보니 노년에는 경비원으로 살 수도 있겠다는 생각이 들었다. 주말에도 일하러 나가는 일이 많았고, 잠시라도 틈이 나면 잠자기 바빴다. 인간관계는 점점 끊겼고, 살도 찌기 시작했다.

최 씨는 회사에 다니는 일이 자기의 수명을 단축시킨다는 느낌이 들어 돌파구를 찾던 중 푸드트럭이 눈에 들어왔다. 대학교 때 취미로 바리스타 자격증을 따놓은 게 생각났다. 모아 놓은 돈도 없어서 매장을 내기는 부담스러웠기 때문에 푸드트럭으로 창업해 보고 싶었다. 자료를 찾아보았더니 '부록 1'에서 소개한 '영업 신고 절차'가 너무 복잡해 보여서 자신이 없었다. 그때 한 지인이 '오빠손맛' 푸드트럭의 김홍섭 대표를 그에게 소개해 주었다. 이제 최 씨의 30일간의 푸드트럭 창업 행적을 따라가 보자.

D-30

차량 구입 & 특장업체 알아보기

최 안녕하세요? 저는 최창업이라고 합니다. 요즘 푸드트럭에 관심이 많아서요. 궁금한 것을 물어봐도 될까요?

김 내가 연장자인 것 같으니까 말 놓을게. '형'이라고 불러.

최 네. 영업신고 절차가 1번부터 14번까지 있는데 복잡해요.

김 그럼 간단히 설명해 줄게. 여기서 순서는 1번부터 14번인데, 제일 중요한 건 일단 트럭을 사는 거야. 트럭을 산 후 3번부터 9번까지 먼저 진행하고, 1번 '푸드트럭 영업자 모집 공고에 응모'하는 게 보통 순서일 거야. 합법화된 푸드트럭을 사면 3번부터 9번까지는 필요 없거든.

3번부터 9번까지는 개인이 하기 어려우니까 보통 특장업체에 맡겨서 처리하면 돼. 개인이 하는 경우에도 100만 원에서 150만 원까지 비용이 들고, 검사 통과가 안 되면 다시 검사를 받아야 해서 번거롭기도 해. 나는 돈을 많이 아끼는 편이지만, 3번부터 9번까지는 업체에 맡기는 걸 권해. 가스도 달아주고 검사도 모두 맡아줘. 0.5톤 트럭은 70만 원에서 100만 원, 1톤 트럭은 100만 원에서 150만 원 정도 비용이 들어. 가스를 사용하는 트럭은 비용이 더 들고, 가스를 사용하지 않는 커피트럭은 비용이 덜 들겠지. 검사는 대부분 2주에서 20일 정도 걸리니까 장사를 준비하는 30일 안에 업체에 맡기는 시간이 20일 정도 걸린다고 보면 돼. 일단 장사를 하려면 트럭을 사야겠지?

최 네. 그러면 푸드트럭은 어디서 사는 게 좋아요?

김 푸드트럭을 할 차는 자동차 중고 사이트, 중고나라, 오프라인 매장, 푸드트럭 카페(우리나라에서는 네이버 카페 푸사모(푸드트럭을 사랑하는 사람들의 모임)가 제일 크다.) 등에 올라온 매물을 수시로 보는 게 좋아. 대형 포털 사이트에 푸사모 협회나 조합이 있는데, 거기는 차량 매매보다는 정보를 공유하는 곳이 많으니까 참고해. 자동차 중고 사이트나 오프라인 매장보다는 중고나라나 푸사모에 푸드트럭이 많이 올라와.

최 네. 그렇군요. 저에게는 어떤 차량이 좋을까요?

김 트럭은 탑의 유무에 따라 두 종류로 나뉘고, 합법 푸드트럭인지, 비합법 푸드트럭인지에 따라 나눌 수도 있지. 먼저 탑이 없는 차량을 살 때는 탑을 제작해 주는 특장업체 선정이 중요해. 여기서 제일 중요한 것은 절대 인터넷으로만 업체를 알아보고 업체에 맡기면 안 된다는 거야.

특장업체를 선정할 때 가장 좋은 방법은 '푸드트럭을 하는 여러 사람들에게 묻는 것'이야. 푸드트럭을 직접 운영하는 사장들은 자기가 했던 업체를 좋아하지 않는 경우가 많아. 탑의 내구성이 약하거나, 선반이 잘못 제작되었거나, 음식하기 불편하게 제작된 경우가 많기 때문이지. 제작하는 업체에서는 '어떻게 하면 예쁠까? 싼 재료를 쓸까?'라고 생각하는 경우가 많아서야. 이런 경우에는 2호차 낼 때는 절대로 거기에서 안 하지. 여러 사장들에게 묻다보면 사장들이 입을 모아 추천하는 곳이 나올 텐데, 그곳에 맡기도록 해.

저 푸드트럭 안으로 들어가 볼까? 여기 화구와 불판 거치대의 길이가 안 맞지? 그래서 화구를 옮길 수가 없어. 그러면 주인이 요리를 바꾸거나 위치를 조정하지 못 해. 제작 업체가 하나도 모른 상태에서 제작한 거야. 이것 때문에 불편하니까 이 업체에서는 안 하는 게 좋아. 이번에는 저기 저 트럭으로 가 보자. 사장이 조리 공간을 넓히려고 슬라이딩 매대를 만들었는데, 불판이 기울어져서 앞에 나무 목재를 대고 있는 게 보이지? 저 트럭 사장은 래핑이 불만이야. 진한 청색으로 래핑해 달라고 했는데 옅은 보라색으로 나왔다고 해. 이렇게 푸드트럭을 돌면서 사장에게 물어보면 어떤 점이 불만인지, 잘 하는 업체가 어디인지 알 수 있어. 나도 다음에는 조금 비싸더라도 평이 좋은 업체에서 하려고 해.

최 그럼 탑차가 있는 경우가 더 나은가요?

김 탑차는 3면이 닫혀 있고, 뒤쪽 문만 열 수 있잖아. 그런 트럭은 절대 사면 안 돼.

최 왜죠?

김 자동차 구조 변경 검사에 통과하려면 옆쪽에 문이 있어야 해. 일반 탑차를 사는 것보다 새 탑차를 사는 게 나아. 절단 비용이 커서 특장업체에서 잘 안 해 주려고 하거든. 탑을 새로 올리면 350~500만 원 정도 드는데, 개조 비용은 200만 원 들어. 손도 많이 가고 내구성이 많이 떨어지지. 원래 문이 아닌 곳을 자르니까 조잡해지고. 문까지 다 만들어 놓고 마음에 안 들어서 다시 하려면 돈 낭비, 시간 낭비잖아.

최 그럼 가장 좋은 것은 '합법화된 푸드트럭'을 사는 거네요.

김 그러면 가장 좋지. 합법화된 푸드트럭을 사면 3번부터 9번까지 과정을 건너뛸 수 있어. 하지만 아직까지 우리나라에는 합법화된 푸드트럭의 수가 턱없이 적어. 그런 트럭 중에서 내 마음에 드는 트럭을 만나기도 어렵고, 가격도 상대적으로 비싸겠지. 아마도 지금 유통되는 차들은 불법 차량이 많아서 3번에서 9번 과정을 거쳐야 할 거야.

킬로 수와 연식이 비슷한 두 대의 트럭이 있다고 가정해 볼게. 한 대는 합법화 푸드트럭인데 1,800만 원이고, 한 대는 불법 푸드트럭인데 1,500만 원이야. 그럼 나는 불법 푸드트럭을 사서 3번에서 9번 절차를 밟아서 합법 트럭을 만들 거야. 그게 더 저렴하니까. 반드시 '탑이 없는 차/탑이 있는 차/합법 트럭/합법 이전 트럭'을 정해놓고 트럭을 구매하기보다 상황을 봐서 구매하기를 바라. 처음으로 장사하는 것이라면, 탑과 집기가 다 갖춰진 것을 최대한 안 건드리고 시작하는 게 제일 좋아. 그러면 내 마음대로 푸드트럭 콘셉트를 잡기는 불편하겠지. 하지만 일단 이렇게 영업해 보고 나서 비용을 들여 제작해도 된다고 봐.

최 네. 이제야 어떤 차를 사야할지 알겠어요.

D-29

특장업체에 자동차 구조 변경 신청 &
인테리어 구상하기

김 합법화 이전의 차량을 샀다면, 3번부터 9번 과정을 위해 특장업체에 맡겨야겠지. 이때는 반드시 차 안은 텅 비어 있어야 해. 여기서 꼭 필요한 준비물은 바로 줄자야! 차 내부의 가로와 세로 길이를 잘 재놔야겠지? 오늘은 차의 인테리어를 정해야 해.

최 네. 저는 커피 푸드트럭을 할 거니까 따뜻한 느낌이 좋겠어요.

김 불을 쓰는 푸드트럭은 스테인리스로, 커피 푸드트럭은 목재로 꾸미는 경우가 많아. 이때 가장 중요한 것은 콘셉트를 미리 잘 정해야 한다는 거야. 또 하나, 가끔 일부 사장들 중에는 특장업체에 인테리어까지 모조리 다 맡긴 후 메뉴를 선정하는데, 절대 그러면 안 돼. 메뉴에 맞게 인테리어를 해야 해! 이건 기본 중의 기본이야. 그리고 특장업체에 아예 인테리어를 맡길지, 내가 인테리어를 할지 정하는 게 좋아. 인테리어를 맡길 거면 7일에서 10일 정도 걸리는데, 이 과정도 꼭 창업 기간에 포함시켜야 해. 인테리어 가격은 말 그대로 천차만별이야. 500~700만 원을 주고 꾸밀 수도 있고, 본인이 하면 투박하지만 100만 원 이하로도 꾸밀 수 있어. 라보 스낵카는 내가 인테리어했는데 80만 원도 안 들었어.

D-28

목공소와 실내 인테리어가게 방문하기

최 제가 손재주가 없어서 실내 인테리어를 직접 한다는 게 부담스럽네요.

김 나도 마찬가지야. 라보 트럭이나 포터를 샀을 때는 아버지와 함께 전기톱으로 기존에 있던 모든 수납 기구를 잘랐지. 하지만 인테리어 업체에 맡기면 돈이 많이 들잖아. 그냥 내가 발품을 많이 팔았어.

최 네. 저도 투자금이 적으니 직접 해 볼래요.

김 필요한 수납장과 선반 조리대 길이를 모두 정해서 여러 목공소를 다녔어. 결국 내 콘셉트를 잘 이해해 주는 사장을 만나서 실내 인테리어 업체에 의뢰했지. 비용은 100만 원도 안 들었어. 특장업체에서는 500만 원을 달라고 하더군. 특장업체에 맡기든, 본인이 하든 설계는 반드시 본인이 해야 해. 트럭에서 음식을 처음 만드는 순간, 내부에서 수많은 단점이 보일 거야. 한 번 만든 내부 구조는 혼자서 바꾸기 힘들어. 그러니까 반드시 처음부터 차의 가로와 세로 길이를 정확하게 재고 가장 편리한 동선을 본인이 짜도록 해!

최 그래도 푸드트럭이 예쁘면 장사가 더 잘 되는 거 아니에요?

김 나는 포터를 950만 원에 사와서 70만 원 들여서 셀프 인테리어를 했어. 1,000만 원 남짓 투자한 셈이야. 나랑 똑같이 1,000만 원짜리 트럭을 산 사람이 특장업체에서 전부 다 맡겼다고 가정해 보자. 새 탑을 얹는데 400~500만 원, 실내 인테리어 300~700만 원, 슬라이딩 매대 200~300만 원, 래핑 200~300만 원. 보험료까지 합치면 3,000만 원 정도 들어. 그게 딱 평균 푸드트럭 투자 자금이야. 새 차를 사서 멋지게 인테리어하면 5,000만 원 이상도 훌쩍 넘게 들지. 그런데 내 차와 트랜스포머급으로 멋진 그 차가 야외에 나갔을 때 누가 더 장사가 잘 될지는 아무도 모르는 거야. 나는 절대 3,000만 원씩 들여서 시작할 필요가 없다고 생각해. 결국

캑테일 푸드트럭 시절 제작한 맞춤형 술병 보관함. 이런 아이디어는 직접 경험하고 부딪쳐야 생긴다.

푸드트럭 장사가 안 되어 망하면 특장 업체만 돈 벌게 해 주거든.

최 정말 가성비 갑이네요.

김 내가 칵테일 푸드트럭 시절에는 국내 유일의 술병 보관함도 직접 제작한 적이 있어. 단속만 나오면 서둘러 술병 뚜껑을 닫고 도망가기 바빴지. 그러다 보니 술병이 죄다 깨져버리는 거야. 그래서 인테리어 가게에 가서 50개의 술병이 들어갈 수 있는 수납장을 짜달라고 했어. 몇 군데서는 퇴짜를 맞았지. 25년 넘게 인테리어를 한 사장도 그렇게 짜는 건 처음이라고 했어. 웬만한 술병은 다 들어가는 크기이지만, 술병이 반 이상은 보여서 운치가 있으면서도 쓰러지지 않는 깊이

212

로 짜달라고 했어. 그 사장이 짜주어서 그 다음부터는 단속
이 와도 술병이 하나도 깨지지 않고 잘 도망다녔지. 이런 아
이디어는 푸드트럭 제작 업체나 특장업체는 절대 못 만들어.
자기가 해 봐야지. 25만 원 들여서 제작했는데, 이거 제작해
서 돈을 얼마나 벌었는지 몰라.

최 웃프네요.

황학동 주방용품과 방산동 컵, 포장지 &
각종 물품 구입하기

최 제가 커피머신하고 컵, 포장지도 미리 구매해 놓고 싶어요.
어디서 사면 좋을까요?

김 흔히 황학동은 주방용품, 방산동은 컵과 포장지라고 많이 알
고 있지? 하지만 무조건 황학동이 싸지는 않으니까 발품을
많이 팔아야 해. 하지만 나는 황학동에 자주 가서 여러 주
방용품을 구경하고 공부도 하지. 시간이 없는 사장은 불판,
튀김기 같은 집기도 특장업체에 맡기는데, 그러면 안 돼. 자
기가 쓸 주방용품은 반드시 여러 개를 직접 보고 장단점을
비교해서 공부한 후에 사야 해.

최 저도 커피머신을 사야 하는 데 너무 비싸네요.

김 나도 황학동에 여러 번 가서 온갖 커피머신으로 커피를 직

접 내려서 마셔 보았어. 카페를 운영하는 형 친구와 친구들을 직접 찾아가서 기계를 추천받기도 했어. 주변 가게에 들어가서 기계를 추천해 달라고도 했고. 커피머신은 전력을 많이 소모하기 때문에 외부에서 발전기 용량이 넘어가면 안 되는 점도 주의해야 해. 그래서 푸드트럭 전력량을 넘지 않는 머신을 사는 것이 중요하지. 글라인더와 조명까지 쓴다면 그런 전력을 고려해서 커피머신을 사는 것이 좋아. 나는 한 달 동안 커피머신을 알아보다가 중고나라 카페에 올라온 물건을 경상도 구미까지 내려가서 시세보다 30만 원 싸게 샀어. 교통비 10만 원을 빼도 이득이었지. 교육용으로 쓰던 머신이라 관리도 잘 되어 있었고 커피 공부까지 하고 왔어.

최 저도 저렴하게 구입해야겠어요.

김 얼마전에 내부 인테리어를 모두 뜯어고쳤어. 이번에도 업체에 맡기지 않고 다 혼자 힘으로 했어. 시간을 절약하고 신경을 덜 쓰려면 업체에 맡기는 게 수백 배는 낫지. 하지만, 나중에 가게를 내더라도 최대한 스스로 해 보고 싶은 게 나의 지론이야. 총 작업 비용은 단돈 50만 원! 업체에 맡겼다면 150만 원 이상 들었을 거야.

최 어떻게 꾸몄는데요?

김 황학동에서 상태 좋은 중고 냉장고를 싸게 구입했어. 스테인리스 작업대도 황학동에서 샀지.

최 혹시 거기서도 더 깎았나요?

김 하하. 맞아. 1만 원이라도 싸게 사려는 나의 진상 본능이 거기서도 이어졌지.

최 있는 사람이 더 하네요.

김 우리 트럭은 기본적으로 불을 사용하기 때문에, 내부 인테리어는 모두 스테인리스로만 구성하기로 했어. 그리고 바닥과 전면 등 보이는 면은 알루미늄 체크판으로 교체했어. 이것도 직접 사이즈를 재고 여기저기 둘러본 다음 단돈 7만 원에 해결했지. 업체에 맡겼다면 재료비와 공임비까지 최소 30~40만 원은 받았겠지. 자꾸 해 봐야 나중에 가게도 직접 인테리어할 수 있겠지.

최 형은 태생적으로 많은 일을 배우고 경험하는 것을 좋아하는 사람인가 봐요.

김 그런가? 아무튼 푸드트럭 창업을 할 생각이라면 이런 마인드를 잊지 않았으면 좋겠어. 그리고 또 하나! '최저의 비용으로 최대의 이익창출'을 항상 염두에 두기!

D-26

조명 & 인테리어 소품 구입하기

최 조명도 직접 달았나요?

김 그럼! 푸드트럭을 할 때는 어떤 색 조명을 달 건지도 중요해.

장사를 낮시간에 할 건지, 밤시간에 할 건지에 따라 조명색도 달라지지. 나는 조명 하나까지 직접 달았어. 전구를 사러 유명한 조명거리를 찾아갔지. 인터넷으로 사도 되지만, LED는 처음 쓰는 거라 사용법을 잘 물어봐야 했거든. 푸드트럭은 전력량이 한정되어 있어서 반드시 전구 전력량도 확인해야 해. 어떤 푸드트럭은 커피머신을 쓸 때는 믹서기 코드를 뽑고, 제빙기를 쓸 때는 커피머신 코드를 뽑고, 이런 식으로 운영해. 안 그러면 전기가 끊어지니까. 푸드트럭은 전구 하나도 전력량을 생각하면서 달아야 해. 푸드트럭에 쓸 전구를 사러 왔다고 말하면 사장님이 알아서 잘 추천해 줘. 조금 비싸도 이게 훨씬 낫지.

D-25

위생 교육 받기

'3번에서 9번 자동차 구조 변경'이 진행되는 동안 10번 위생 교육을 듣는다. 푸드트럭 영업자(대표자)는 영업을 개시하기 전에 영업 업종에 맞는 신규 위생교육을 받고 다음해부터 매년 보수교육을 받아야 한다. 온라인 교육도 가능하다. 조리사·영양사·위생사 면허가 있는 경우 위생교육이 면제된다. 영업자(대표자)가 위생교육을 이수하지 못했다면 과태료 20만 원이 부과된다. 위생에 관련된 교육이니 철저히 듣자.

업종	휴게음식점업	제과업점
교육기관	(사)한국휴게음식중앙회	(사)대한제과협회
홈페이지	www.efa.or.kr	www.bakery.or.kr
교육시간	6시간	6시간
교육방법	집합교육 혹은 온라인 교육	사후집합교육(서약서 징구)
교육장소	본원(서울) 외 15개소	중앙교육원(서울) 외 12개소
교육비	2만 8,000원(본원 2만 5,000원)	3만 원(교재 별도 실비)
기타	각 협회에 교육신청, 세부사항은 각 기관 홈페이지 참고	

출처: 식품의약품안전처

D-24

보건소에서 보건증 받기

보건소에 가면 건강검진 후 보건증을 주는데, 발급받을 때까지 일주일이 걸리므로 미리 받아두자. 백화점에 입점할 경우 일하는 모든 직원들이 보건증을 제시해야 하므로 이것도 미리 체크해 두자. 위생교육수료증과 보건증을 준비했다가 나중에 구청에 제출하면 된다. 구청 위생교육과에서 단속이 나왔을 때 영업허가증과 보건증은 꼭 가지고 있어야 한다.

푸드트럭 영업자 및 종사자는 영업 시작 또는 종사 전 미리 건강진단을 신규로 받고, 매년 1회씩 주기적으로 건강진단을 받아야 한다. 완포장 제품을 운반·판매만 하는 사람은 건강진단을 받지 않아도 된다. 영업자(대표자) 및 종업원이 건강진단을 받지 않으면 과태료 10~50만 원이 부과된다.

시장 조사 및 메뉴 개발하기

1. 장사할 수 있는 곳을 최대한 찾아놓자

2014년, 푸드트럭 영업허용 장소는 유원 시설을 시작으로 도시공원, 하천부지, 관광지, 체육시설, 대학교, 고속국도졸음쉼터, 국가·지자체 공용재산, 지자체가 조례로 정한 시설 또는 장소까지 확대되었다. 현재 푸드트럭 영업 허용 구역은 다음과 같다. 아래 표에서 허용된 장소라고 해서 무턱대고 장사할 수 있는 것이 아니다. 각 지자체 '모집자 모집·공고'를 통해 선발된 푸드트럭만 지정 장소에서 영업할 수 있다.

허용 장소	내용	관련 법령
유원 시설	•유기시설이나 유기기구를 갖추어 관광객에게 이용케 하는 곳. 지자체 허가 시설 예시) 롯데월드, 에버랜드	관광진흥법 제3조 제1항 제6호
관광지	•관광지 : 자연적 또는 문화적 관광 자원을 갖추고 관광객을 위한 기본적인 편의 시설을 설치한 지역, 광역시·도에서 지정 예시) 태종대, 대천해수욕장, 월출산 •관광단지 : 관광 및 휴양 시설을 종합 개발하는 관광 거점 지역, 광역시·도에서 지정 예시) 중문관광단지, 보문광광단지	관광진흥법 제2조

체육 시설	• 체육 활동에 지속적으로 이용되는 시설과 그 부대시설, 설치·운영 주체에 따라 국가와 지자체의 공공 체육 시설과 민간이 설치 운영하는 체육시설로 구분 예시) 종합체육시설, 야구장, 골프장 등	체육시설의 설치·이용에 관한 법률 제3조
도시공원	• 도시 지역에서 도시 자연경관을 보호하고 시민의 건강·휴양 및 정서생활을 향상시키는 데에 이바지하기 위해 설치 또는 지정된 곳, 지자체가 설치 관리 예시) 여의도공원, 탑골공원 등	도시공원 및 녹지 등에 관한 법률 제19조
하천	• 지표면에 내린 빗물 등이 모여 흐르는 물길로서 국가 하천 또는 지방 하천으로 지정된 곳 예시) 한강, 낙동강, 지자체 지정 관리 하천	하천법 제7조
대학	• 대학, 산업대학, 교육대학, 전문대학, 방송대학·통신대학·방송통신대학 및 사이버대학, 기술대학, 각종 학교 예시) 연세대, 건국대, 서강대 등	고등교육법 제2조
고속국도 졸음쉼터	• 고속도로 졸음운전 방지 및 휴식 공간 제공을 위해 설치한 시설 예시) 도로공사에서 고속도로에 설치한 졸음쉼터	도로법 시행령 제3조 제1호
국가 및 지자체 공용 재산	• 국가 또는 지자체가 직접 사무용·사업용 또는는 공무원 주거용으로 사용키로 한 재산 • 중앙 정부 소유 재산은 국유재산법 적용을 받으며, 지자체 소유 재산은 공유 재산 및 물품관리법 적용을 받음 • 정부 재산(국가, 지자체)은 용도에 따라 행정 재산과 일반 재산으로 나뉘며, 행정 재산은 공용 재산, 공공용 재산, 기업용 재산, 보존용 재산으로 구분	• 국유재산법 제6조 제2항 제1호 • 공유재산 및 물품 관리법 제5조 제2항 제1호
지자체가 조례로 정한 시설 또는 장소	• 각 지자체가 조례로 정한 시설 또는 장소 예시) 문화시설, 도서관, 도로 등	지자체 조례

- 영업허용 구역에 대한 각 지자체의 푸드트럭 계약 모집 공고는 행정자치부 홈페이지(www.moi.go.kr)의 '지자체 소식'에서 전국 지방자치단체 푸드트럭 모집공고 현황을 확인할 수 있다.
- 한국도로공사 사이트(www.ex.co.kr)에서 푸드트럭 청년 창업 신청을 받는다. 휴게소, 졸음쉼터에서 운영할 푸드트럭 모집에 관심을 기울일 것!
- '온비드(www.onbid.co.kr)'라는 경매 물건 입찰 사이트가 있는데, 요즘은 푸드트럭 영업 게시물이 자주 올라오므로 열심히 살펴본다.
- 각 시청과 구청 사이트에서는 푸드트럭 사업자를 실시간으로 모집하므로 자주 조회한다. 다만 본인이 살고 있는 거주지여야 자격 조건이 주어지는 곳이 많다는 것에 주의해야 한다.
- 포털 사이트에서 수시로 '푸드트럭'을 검색한다.
- 카페 '푸사모(cafe.naver.com/hrcmedia3)'에서 네트워크 행사를 알아본다.
- 전국의 지역 축제와 행사 현황은 문화체육관광부 홈페이지(www.mcst.go.kr)의 '지역축제' 정보, 한국관광공사 홈페이지(www.visitkorea.or.kr)의 '축제·행사' 정보에서 찾아 볼 수 있다.
- 그 밖에 락 페스티벌. 해수욕장, 대학교 행사를 알아본다. ○○ 구청이나 ○○시에 제안서도 보내고, 담당자와 통화도 해 본다. 이것은 영업처럼 자기가 하는 만큼 일이 들어오며, 자기가 알

아보는 만큼 일할 수 있는 장소가 생긴다.

2. 메뉴 개발 및 시장 조사, 발바닥에 땀이 나도록 뛰자

실제 고객들을 대상으로 메뉴 테스트를 하는 것도 중요하다. 메뉴 개발은 정말 중요하다.

3. 미리 사업 계획서를 써놓자

무슨 일이든 미리미리 세워놓은 계획이 가장 중요한 법이다. 합법 푸드트럭이 되어 영업을 하려면 반드시 사업계획서를 써놓아야 한다. 사업계획서에는 업소 명칭(예정), 판매음식 종류, 영업 운영 계획, 위생, 환경, 안전대책/기타 사항이 포함되어야 한다.

D-15

직접 인테리어하기 & 래핑 도전하기

최   드디어 차가 나왔어요.

김   꼼꼼하게 잘 해 주셨네. 인테리어를 위해 맞춰 놓은 기구들을 넣으면 되겠어. 래핑은 어떻게 할 거야?

최   하하. 래핑이 뭐죠?

김   쉽게 말하면 차 전체를 코팅하는 거라고 생각하면 돼. 푸드트럭을 한다면서 차를 그대로 몰고 다닐 수는 없잖아?

최   아, 그러네요.

중고 구매 차량에 붙어 있던 기존 스티커를 제거한 모습. 이 위에 직접 디자인한 로고 스티커와 글귀를 붙여 차를 꾸몄다.

김 차를 예쁘게 꾸미기 위해 전체를 래핑한다면 비용이 300만 원까지 들어.

최 헉! 이것도 비싸네요.

김 항상 내가 이야기하는 것은 가성비야! 업체에 맡기지 말고 우리가 해 보자. 나는 원래 푸드트럭을 하던 차를 샀더니 래핑이 어느 정도 되어 있었어. 하지만 내가 몰 차는 내 손으로 꾸며야겠지? 일단 전체 래핑은 그대로 두고 붙어 있는 스티커들을 모두 제거했지.

기존 래핑을 제거할 경우 드라이어(토치도 가능)를 이용해서 쉽게 뗄 수 있었어. 내 차에 붙이고 싶은 글귀와 로고를 디자인했고, 이것을 출력소에서 출력한 후 친구와 함께 직접 붙였어. 처음에는 잘못 붙여서 한 번 더 출력하기도 했지. 그랬더니 전체 래핑 비용이 30만 원만 들더라고. 만약 래핑을 한 번에 성공했으면 15만 원만 들었을 텐데 말이야. 아무튼 항상 가성비를 생각해서 최소의 투자, 최대의 효과를 생각하자고!

D-14

푸드트럭 영업자 모집 공고에 응모하기

만약 최창업 씨가 합법 푸드트럭을 운영하지 않는다면, 차를 사서 꾸민 후 영업하면 된다. 하지만 푸드트럭을 사업으로 생각한다면 위와 같은 절차를 거쳐 합법화하고, 푸드트럭 영업자 모집 공고에 응모해 보자. 최창업 씨는 한국도로공사 졸음쉼터에 신청했다.

D-2

푸드트럭 영업 계약 체결 & 영업신고하기

한국도로공사에서 사업 선정자로 지정되었다는 연락이 왔다. 계약서를 작성하고, 관련 서류와 위생교육 수료증, 보건증을 해당 기관 위생담당부서에 제출하면, 영업신고증이 나온다. 영업신고 준비 서류는 다음과 같다.

필수 서류	내용	비고
위생교육 이수증	위생교육기관 제과점영업: 제과협회 휴게음식점: 휴게업중앙회 신규교육: 6시간(부득이한 경우 사후제출 가능)	영업자 제출
건강진단 결과서	영업 시작 전 건강진단 받아야 함. 장티푸스, 폐결핵, 전염성 피부질환(한센병 등)	영업자 제출

푸드트럭 영업장소 체결 관련 서류(해당 영업장에서 영업할 수 있음을 증명하는 서류)	1) 유원시설
	  – (유원시설업자 직접 영업): 유원시설업 허가증 또는 유원시설업 신고증 사본
	  – (유원시설업자 아닌 자기 영업): 유원시설업자와 체결한 영업장 사용계약 서류
	2) 관광지
	  – (사업시행자 또는 시설운영자 직접 영업): 사업시행자 또는 시설운영자임을 증명하는 서류
	  – (사업시행자 등이 아닌 자가 영업): 사업시행자나 시설운영자와 체결한 토지 등 사용계약에 관한 서류
	3) 체육시설
	  – (체육시설업자 직접 영업): 체육시설업 등록증 사본 또는 신고증명서 사본
	  – (직장체육시설 설치·운영자 직접 영업): 해당 직장체육시설 설치·운영자임을 증명하는 서류
	  – (체육시설 설치운영자가 아닌 자가 영업): 체육시설 설치·운영자와 체결한 사용계약에 관한 서류
	4) 도시공원: 도시공원 사용 계약 관련 서류
	5) 하천: 하천 사용계약 관련 서류
	6) 학교(대학)
	  – 해당 대학 직접 영업: 사업자등록증
	  – 해당 대학 경영자가 아닌 자가 영업: 학교장 체결한 학교시설 사용자계약 관련 서류
	7) 고속국도 졸음쉼터: 한국도로공사와 체결한 졸음쉼터 사용계약 관련 서류
	8) 공용재산
	  – 국유재산에서 영업: 국유재산법에 따른 사용허가서
	  – 공용재산에서 영업: 공용재산 및 물품관리법에 따른 사용·수익허가 증명 서류
		영업자 제출 (단, 학교에서 직접 영업하는 경우 사업자 등록증은 제출 불필요/ 담당공무원 확인 가능)

	9) 지자체 조례 시설/장소 　　해당 시설 또는 장소 사용할 수 있음을 증명할 수 있는 　　서류 등	
수질검사 (시험) 성적서	「먹는물관리법」에 따른 먹는물 수질검사기관 발행 수질검사 성적서 수돗물이 아닌 지하수 등을 먹는 물 또는 제조·조리·세척 등에 사용 시 제출	
액화석유 가스 사용시설 완성검사 증명서	한국가스안전공사의 완성검사 승인	공무원 확인
자동차 등록증		공무원 확인

D-1

재료 준비 & 장사 준비하기

아이템을 선정하고 장사할 곳만 정해지면, 수백만 원의 돈으로 빠르면 보름 안에도 시작할 수 있는 것이 푸드트럭이다. 그리고 필요한 건 도전 정신!

D-DAY

장사 시작!

부디 최창업 씨의 앞날에 대박이 있기를!

나는 계속 푸드트럭 장사를 하고 싶다

생각해 보면 나는 늘 간절했다.

만약 내가 훗날 크게 성공해서 누군가 내게 성공의 필수 요소가 무엇이냐고 묻는다면,

나는 '간절함'이라고 답할 것이다.

나는 생활비와 학비를 내가 벌어서 썼기 때문에 늘 동아줄을 잡는 심정으로 일했다.

회사도 '이거 아니면 죽는다'는 생각으로 다녔다.

빨리 학자금 대출금을 갚고 장사 밑천을 만들려면

열심히 일해야 했다.

자기 존재를 빛내줄 가면, 학벌이나 돈, 집안, 빽 이런 게 없는 사람들은 알 것이다.

어딜 가나 느끼는 '초라함'을.

그래서 나는 한심해 보이고 싶지 않았다.

내가 장사하면서 겪은 이런저런 이야기를 이렇게 책으로 묶어내는 이유는 '간절함'이 있는 사람들에게 조금이라도 도움을 주고 싶어서다. 그래서 나만 알고 있는 꿀팁도 알려주었다. 푸드트럭은 정부에서 정책적으로 밀어주는 사업 중 하나다. 언론에서는 전부 좋은 사례만 보여주고 있기 때문에, 나는 생생한 현장의 이야기를 들려주고 싶었다.

푸드트럭을 하고 싶다며 나를 찾아오는 사람들을 만나면 꼭 하는 말이 있다.

"정말 간절한 마음이 있나요?"

푸드트럭은 생각보다 힘들고, 치열하며, 실패 확률이 높은 창업이다. 진입 장벽이 낮아 보이지만 6개월 이상 생존하기 힘든 사업이기도 하다. 요즘 푸드트럭 창업박람회에 가보면 엄마 손에 끌려온 청년도 보이곤 한다. '취업 대신 창업'이라거나 '요즘 푸드트럭이 대세'라고 준비 없이 만만하게 생각하고 푸드트럭 사업에 뛰어든다면 말리고 싶다.

먼저 이 책을 읽어 보고, 충분한 준비 끝에 창업하길 바란다.

지금도 나는 끊임없이 나에게 이런 주문을 외운다.

'넌 지금 멈추면 안 돼. 이런 시행착오, 실패도 모두 다 성공하는 과정이야. 누구나 다 겪는 과정이야.'

그래서 행사 매출이 0원인 날에도 실망하지 않고 내일 장사를 준비할 수 있었다.

나는 계속 푸드트럭 장사를 하고 싶다.

길 위에서 내가 가진 잠재력과 능력을 마음껏 펼치고 싶다.

도전하는 삶, 그게 바로 지금 내가 사는 이유다.

나는 오늘도 정성껏 요리를 하고, 푸드트럭 운전대를 잡을 것이다.

우리에게는 각자의 길이 있다

'오빠손맛 푸드트럭'의 김홍섭 대표를 만난 것은 우연이었다.

나는 고등학교 교사로 지내면서 서로 다른 재능을 가진 학생들이 책상에 가만히 앉아 모두 같은 꿈을 꾸어야 하는 현실이 싫었다. 진정 우리 아이들은, 그리고 청년들은 '명문 대학교 – 대기업 취업'이라는 꿈 말고 다른 꿈을 꾸어볼 수는 없는 걸까?

학교에서 흔히 볼 수 있는 급훈 중에는 이런 게 있다.

'한 번에 가자. 인 서울!'

'너 재수 없어!(재수하지 말라는 뜻)'

'지하철 타고 2호선!'

'공장 가서 미싱할래? 대학 가서 미팅할래?'

'지금 공부하면 부인 얼굴이 바뀐다!'

'포기는 배추 셀 때나 쓰는 말!'

한마디로 닥치고 공부하라는 이야기이지만, 폭력적이지 않은가? 모두가 지하철 2호선에 있는 대학교를 갈 수 있는 것도 아닌데, 이렇게 아이들에게 꿈을 강요하는 것은 가혹하다.

눈을 크게 뜨고 다른 삶을 사는 아이들을 찾아보았다. 그러다가 의정부 교육청 '꿈이룸 학교'에서 학생들이 주도적으로 다양한 프로젝트를 발표하고, 푸드트럭까지 운영했다는 말을 듣고 의정부에 가서 학생들을 만났다. 그때 학생들에게 푸드트럭을 임대해 주었던 사람이 바로 김홍섭 대표였다. 내가 인터뷰를 요청했을 때 그는 학생과 관련된 일이라면 돕겠다면서 흔쾌히 응해주었다. 나중에 알게 되었지만, 10월 중 단 하루 쉬는 날 오후를 내게 내준 것이었다. 그렇게 만나게 되어 듣게 된 그의 이야기는 혼자만 알기에는 너무 아까웠다. 그래서 그의 이야기를 쓰고 싶었다.

똘기 가득했던 그의 고등학교 시절 이야기도 흥미로웠고, 나보다 더 꼰대스러운 발언을 하는 것도 인상적이었다. 내가 "청소년들에게 해 주고 싶은 말이 무엇이냐?"고 물었더니, 그는 "만화책도 상관 없으니 어느 분야든지 책을 많이 읽어라."고 말했다. 자퇴할 생각도 하지 말고 공부하여 교양을 쌓으라고 했다. 어느 정도 기본이 되어야 어른이 되어서도 어느 한쪽에 치우치지 않고 편협되지 않은 인간이 된다고 그가 말했다. 이 말이 과연 야마하 오토바이를 타고 등하교를 하던 사람의 입에서 나올 말인가!

아무튼 전문대를 나와서 대기업을 들어간 이력도 신기했고, 회사에 다니면서 치밀하게 창업을 준비했던 것도 놀라웠다. 무엇보다 아직도 많은 청년들이 집에서 용돈을 타서 쓰기 바쁜 28세의 나이에 주도적으로 자기 삶을 살아가는 모습이 참 멋져 보였다. 그리고 선택은 고심해서 하고, 책임은 자기가 지는 모습도 뚝심 있어 보였다.

이 책은 그를 인터뷰하여 쓴 그의 이야기며, 독자의 몰입도를 위해 '나' 시점을 사용했다는 점을 밝힌다.

이 책을 통해

'노력하라. 꿈만 꾸면 다 이루어진다.'

이런 말을 하고 싶지는 않다.

김홍섭 씨는 분명 남들보다 노력했다. 분명히 운도 따라주었다. 그러나 '모두가 김홍섭이 되자'는 이야기가 아니다. 나는 다만 남들이 다 가는 그 길, 우리 모두가 가야만 한다고 생각하는 그 길이 아닌 '다른 길이 있음'을 이야기하고 싶다.

그래서 '장사'가 적성에 맞는다면,

푸드트럭으로 창업하고 싶다면,

이 책이 정말 큰 도움과 용기가 될 것이라고 믿는다.

'오빠손맛'의 무궁한 발전을 기대하며

김은재 씀

Foreign Copyright:
Joonwon Lee
Address: 127, Yanghwa-ro, Mapo-gu, Chomdan Building 6th floor,
         Seoul, Korea
Telephone: 82-70-4345-9818
E-mail: jwlee@cyber.co.kr

1,000만 원 투자로 한 달 5,000만 원 버는
푸드트럭 창업하기

2017. 1. 13. 1판 1쇄 발행
2017. 8. 30. 1판 2쇄 발행

지은이 | 김홍섭, 김은재
펴낸이 | 이종춘
펴낸곳 | BM 주식회사 성안당
주소 | 04032 서울시 마포구 양화로 127 첨단빌딩 5층(출판기획 R&D 센터)
      | 10881 경기도 파주시 문발로 112 출판문화정보산업단지(제작 및 물류)
전화 | 02) 3142-0036
     | 031) 950-6300
팩스 | 031) 955-0510
등록 | 1973. 2. 1. 제406-2005-000046호
출판사 홈페이지 | www.cyber.co.kr
ISBN | 978-89-315-8019-8 (13320)
정가 | 14,000원

이 책을 만든 사람들
책임 | 최옥현
진행 | 박종훈
교정·교열 | 안혜희
본문 디자인 | 김재은
표지 디자인 | 정인호
홍보 | 박연주
국제부 | 이선민, 조혜란, 김해영, 고운채, 김필호
마케팅 | 구본철, 차정욱, 나진호, 이동후, 강호묵
제작 | 김유석